Caminhos da felicidade

Copyright by © Petit Editora e Distribuidora Ltda., 2019
1-11-19-3.000

Coordenação editorial: **Ronaldo A. Sperdutti**
Projeto gráfico e editoração: **Juliana Mollinari**
Capa: **Juliana Mollinari**
Imagens da capa: **Shutterstock**
Assistente editorial: **Ana Maria Rael Gambarini**
Roberto de Carvalho
Revisão: **Alessandra Miranda de Sá**
Impressão: **Mark Press**

Dados Internacionais de Catalogação na Publicação (CIP)
(Câmara Brasileira do Livro, SP, Brasil)

```
Quesada, Manolo
   Caminhos da felicidade / Manolo Quesada. --
Catanduva, SP : Petit Editora, 2019.

   ISBN 978-85-7253-354-6

   1. Espiritismo 2. Espiritualidade 3. Experiência
de vida 4. Felicidade 5. Reflexões 6. Vida espiritual
I. Título.

19-30993                              CDD-133.901
```

Índices para catálogo sistemático:

1. Felicidade : Reflexões : Espiritismo   133.901

Maria Alice Ferreira - Bibliotecária - CRB-8/7964

Direitos autorais reservados. É proibida a reprodução total ou parcial, de qualquer forma ou por qualquer meio, salvo com autorização da Editora.
(Lei nº 9.610, de 19 de fevereiro de 1998)
Traduções somente com autorização por escrito da Editora.
Impresso no Brasil.

Prezado(a) leitor(a),
Caso encontre neste livro alguma parte que acredita que vai interessar ou mesmo ajudar outras pessoas e decida distribuí-la por meio da internet ou outro meio, nunca deixe de mencionar a fonte, pois assim estará preservando os direitos do autor e, consequentemente, contribuindo para uma ótima divulgação do livro.

CAMINHOS DA
Felicidade

MANOLO QUESADA

Av. Porto Ferreira, 1031 – Parque Iracema
CEP 15809-020 – Catanduva-SP
17 3531.4444
www.petit.com.br | petit@petit.com.br

Mensagem

"Vinde a mim todos os que estais cansados e oprimidos, e eu vos aliviarei."

Mateus 11:28

Um planeta de Provas e Expiações nos oferece exatamente o que promete: provas e expiações. Nisso ele não falha, porque é da classificação dos mundos que um planeta de Provas e Expiações ofereça as condições necessárias para que aproveitemos e melhoremos o que somos hoje.

Quando chegamos a este planeta, culpamos alguém por estarmos aqui e terceirizamos para Deus a responsabilidade do que nos aconteceu: Deus não acredita em mim; Deus não pensa em mim; Deus me manda para este verdadeiro vale de lágrimas...

Esquecemos que todos nós somos atraídos por afinidade e que não iríamos a um Mundo de Regeneração sem as qualidades necessárias para tanto.

Ao descobrirmos que o grande mentor de nossa passagem por um planeta de Provas e Expiações somos nós mesmos, deveríamos buscar a solução para que isso deixasse de acontecer. No entanto, não é isso que fazemos.

A cada reencarnação, somos convocados a fazermos de maneira diferente o que não fizemos muito bem em encarnações passadas, mas, devido a nossa teimosia, falta de vontade, desregramento, continuamos fazendo, literalmente, tudo igual.

Mesmo fazendo tudo igual, candidatamo-nos a um resultado diferente, embora saibamos não ser isso possível – se fizermos tudo igual, teremos exatamente o mesmo resultado.

Não há milagres, e todos temos conhecimento disso. Se quisermos um resultado diferente, teremos que nos comportar de maneira diferente, obrigatoriamente.

A melhor maneira de ver de um modo diferente o mundo, a humanidade ou nós mesmos continua sendo o Mestre Jesus, que, em sua breve passagem pelo planeta, deixou-nos orientações sobre como deveríamos nos comportar para que, finalmente, pudéssemos obter um resultado diferente.

Sabedor de todas as nossas dificuldades de entendimento, simplificou sua mensagem ao máximo e nos disse que, para criarmos condições melhores, basta apenas fazer o que está na lei, e o que está na lei é simplesmente amar a Deus sobre todas as coisas e amar ao próximo como a nós mesmos.

O que não conseguimos entender ainda, qual fariseu da Parábola do Bom Samaritano, é quem é esse tal de "próximo". Esse tal de "próximo" não é ninguém senão nosso desafeto de tempos anteriores, que vem hoje nos cobrar melhores condições; que vem hoje pedir de volta os créditos que já nos concedeu em encarnações passadas e que nós, infelizmente, ainda não queremos pagar.

O momento é de transição planetária, e o planeta já se encontra em franco avanço para Mundo de Regeneração. Se não tomarmos cuidado; se não pagarmos os débitos e não nos candidatarmos a nos tornarmos melhores, dificilmente ficaremos por aqui.

Vamos aproveitar esta oportunidade única em nossa escala evolutiva para, por meio do Evangelho de Jesus, por meio de tudo o que ele nos oferece, procurar melhorar, nem que seja um pouco apenas, o que somos, para que possamos nos candidatar a ficar por aqui quando esse processo tiver se completado.

Não podemos esquecer que estamos em um planeta maravilhoso; não podemos esquecer que todo este cenário criado por Deus para nossas provas e expiações será muito mais deslumbrante quando tivermos atingido um estágio maior de evolução.

Se quisermos ficar por aqui e aproveitarmos todos os benefícios que este planeta pode nos oferecer, só temos que mudar, e não é uma mudança brusca, mas sim contínua, paulatina e eficiente – mudanças que só perceberemos com o passar do tempo. Quem sabe assim, na próxima encarnação, já estejamos tão melhores que poderemos ficar por aqui, neste planeta abençoado por Deus, não mais provando nem expiando. Então poderemos dizer que a felicidade será ainda maior, porque já se faz presente neste mundo.

Um Espírito Amigo
20 de março de 2013

Dedicatória

Dedico este livro, simples em sua forma, à querida companheira de trabalho Nair de Moraes.

Foi ela quem me ofereceu oportunidades únicas de aprendizado e de motivação, além de me ofertar subsídios incalculáveis para que tudo o que eu pretendia, em relação ao Evangelho de Jesus, se configurasse.

Espero que, onde quer que esteja, ela continue na tarefa de elucidar mentes e corações, agindo como facilitadora para os muitos que, assim como eu, propõem-se a trilhar novos caminhos.

Agradecimentos

A um amigo que já se foi, materialmente falando, mas que permanece em nossas mentes e corações de maneira eloquente: Ismael Batista da Silva.

Sumário

Palavras do autor 17
Prefácio 23
Introdução 25

Liberdade e bem-aventuranças 37
   Os pobres de espírito 43
   Os que choram 47
   Os mansos 56
   Os que têm fome e sede de justiça 62
   Os misericordiosos 65
   Os limpos de coração 68
   Os pacificadores 73
   Os que sofrem perseguição 78

Características do verdadeiro discípulo 81
   Vós sois o sal da terra 84
   Vós sois a luz do mundo 87
   Cumpridores da Lei 90

Relacionamentos humanos 93
   Reconciliação 95
   Ouvistes o que foi dito 99
   Assertividade 103
   Amor aos inimigos 105
   Lei de Talião 109

O Pai e nós 113
   Caridade 115
   Em oração 118
     Pai-Nosso 120
   Simplicidade 126
   Julgamentos 129
   Auxílio do Alto 131

Cuidados durante a reencarnação 135
   A porta estreita 137
   Falsos profetas 140
   Hipócritas 144
   Casa na rocha 148

Conclusão 151

Bibliografia 156

Palavras do autor

Minha infância e juventude se passaram entre os ensinamentos da Igreja Católica e os ensinamentos que um senhor nos oferecia em uma casa.

Até hoje, não consegui entender o que aquele senhor fazia, pois ali não era um culto evangélico e muito menos uma Igreja Católica. Só sei que as crianças ficavam ali e as pessoas nos davam instruções, mais ou menos como fazem hoje na evangelização infantil.

Com o tempo, fiz Primeira Comunhão, Crisma e participei de grupos de jovens na igreja, no qual estudávamos o Evangelho.

O pessoal que ministrava as aulas sobre o Evangelho fazia, mais ou menos, o que fazem os educadores espíritas de hoje, ou seja, falavam das passagens de Jesus e, depois, nós comentávamos...

O que me deixava chateado era a falta de respostas, pois como entender que as coisas podiam acontecer de uma maneira para uns e de outra maneira para outros, sendo que Deus, nosso Criador, tinha todos como filhos Dele?

Como entender as diferenças sociais, de cultura, de conhecimento – diferenças tão gritantes entre criaturas que haviam tido a mesma criação e que, teoricamente, teriam a mesma destinação: céu ou inferno.

Como era feita essa destinação; era baseada em quê? Quais chances eram oferecidas para que todos nós tivéssemos condições de buscar coisas melhores para nossa vida se o tempo acabaria e, talvez, não pudéssemos mais apresentar outras oportunidades a nós mesmos?

Isso me deixava muito intranquilo e chateado, pois eu gostava de ir à missa, gostava de participar das atividades desenvolvidas dentro do grupo, mas não via muita lógica nas respostas que nos eram oferecidas.

Com o tempo, acabei me distanciando da igreja e, com a morte de meu pai, graças a uma ação inesperada de um padre, o rompimento se fez e não teve mais jeito de voltar atrás.

Isso me trouxe uma coisa ruim e uma coisa boa: a coisa ruim foi que me tirou toda a sustentação que eu tinha enquanto frequentava a missa, por exemplo, pois a espiritualidade atua em todos os setores religiosos, não importando qual seja. Essa falta de sustentação, aliada às minhas tendências, me levaram a uma situação de muito desgaste, em relação a mim mesmo e à minha família.

A coisa boa foi a atitude de minha esposa, Marli, que me levou para um centro espírita, um lugar do qual eu tinha muito medo – posso dizer: verdadeiro pavor, não tendo pensado, nunca, em frequentar algo do tipo. O centro espírita ao qual ela me levou foi o Seara Bendita, aonde cheguei pela porta do Atendimento Fraterno que, à época, era chamado de Orientação.

Lá, com a ajuda da atendente, descobri que estava em um processo de obsessão, motivado pelo uso inadequado de álcool.

A assistência espiritual foi de muita eficácia e, terminada essa fase, senti uma vontade muito grande de fazer alguma outra coisa, mas não sabia exatamente o quê. Então a Providência entrou em cena, pois uma amiga de infância e adolescência, que havia muito tempo não via, apareceu enquanto eu estava lá e me deu uma dica muito importante: havia cursos na casa, e eu não sabia que qualquer um poderia participar deles.

Foi a minha salvação, pois, a partir disso, percebi que tudo o que havia lá e de que eu gostara tanto poderia continuar sendo oferecido a mim mesmo, mas de outra forma.

Comecei a fazer os cursos e fiquei encantado com a maneira como o Evangelho de Jesus era tratado.

As palavras eram as mesmas, mas não havia aquela falta de respostas; tudo tinha uma explicação plausível e coerente, e isso foi fazendo com que eu, cada vez mais, ficasse feliz por ter chegado ali.

A pessoa que me apresentou o Evangelho na Seara Bendita foi a querida amiga Nair de Moraes, que, de maneira muito objetiva e eficiente, fazia-nos ver que Jesus não poderia estar distante de nós, de nossas vidas, e sim dentro de um contexto de amor e de conhecimento.

Foi o suficiente para mudar a maneira como eu via a vida, e, com o avançar dos estudos e as pesquisas para que isso tudo fizesse ninho em meu interior, senti que ali estava o que eu vinha procurando sem encontrar até então.

Os estudos tiveram continuidade por vários anos, e entendi que era a hora de partir para a divulgação dos conceitos que o espiritismo, de maneira tão especial e consistente, nos oferecia.

O que Jesus nos pedia não era a cara amarrada, tampouco o sofrimento, tão inadequado aos dias que vivemos hoje, e sim a participação cada vez mais ativa em nossa vida.

Essa participação é explicada em cada parábola, em cada capítulo, em cada passagem de Jesus pela Palestina de então, mostrando que, ao colocarmos suas palavras em nossa vida, por intermédio da exemplificação diária, conseguiremos um feito muito importante: acelerar o processo evolutivo, dando-nos mais qualidade de vida espiritual e material, de acordo com nossa capacidade de gestão sobre os acontecimentos de que somos protagonistas.

Por entender que as palavras de Jesus só surtem efeito se quisermos e por compreender que o Sermão da Montanha é a grande plataforma do Cristo em qualquer situação que venhamos a enfrentar, resolvi escrever meu pensamento sobre esse texto, ao mesmo tempo curto e profundo, etéreo e denso, espiritual e material, para que, com palavras simples e objetivas, consigamos encontrar subsídios para uma caminhada mais amena e produtiva.

Claro que não há assunto que se esgote em um livro, mas desejo sobretudo ofertar uma visão, uma possibilidade que se abra e que, comparada a tantas outras, possa trazer benefício, paz e tranquilidade.

Espero que o conteúdo deste livro possa ser útil para tantos quanto o lerem e que possamos nos encontrar em muitas situações felizes.

Prefácio

Amigos queridos,

É com muita alegria que nos reencontramos em condições boas.

Os tempos são bicudos, mas não vamos nos alarmar. Continuemos caminhando e desejando o melhor para todos.

Para que continuemos nossa caminhada, fazem-se necessários alguns cuidados. Mesmo assim, precisamos nos manter conscientes do momento que estamos vivendo.

Não há com que nos alarmar; o que precisamos é continuar nossa caminhada para lugares melhores, e isso só será possível se atentarmos para alguns momentos da vida de Jesus – esses momentos nos farão caminhar cada vez melhor.

Primeiro, entender o que o Mestre nos legou, o Sermão da Montanha, nosso manual de conduta. Para isso, precisamos observá-lo e colocá-lo em nossas vidas. Lá estão todas as diretrizes para uma existência mais coerente com o que estamos vivendo.

Não há necessidade de correrias, alarmes, suposições, profecias. Já se foi esse tempo; tudo já foi dito. Agora é buscarmos a verdadeira felicidade, que se escancara aos nossos olhos.

Não precisamos nos colocar como mártires, nem como escolhidos; precisamos simplesmente entender a essência.

O amor nos faz caminhar rumo ao Amor Maior. Isso nos garantirá a felicidade onde quer que estejamos.

Catástrofes, perdas, soluções não compreendidas fazem parte do todo. Entretanto, coloquemos nossas mentes e corações em Jesus e continuemos servindo.

A felicidade se fará a cada boa ação que fizermos, assim como o amor se manterá quanto mais amarmos.

Deixo um abraço amigo.

Enoque
Página recebida em 14 de fevereiro de 2019, na cidade de São Paulo

Introdução

"Digo-lhes que certamente vocês chorarão e se lamentarão, mas o mundo se alegrará; vocês se entristecerão, mas a tristeza de vocês se transformará em alegria..."

João 16:20

Jesus, antes de nos deixar, ao fim de sua missão planetária, preveniu-nos sobre fatos que aconteceriam, inclusive sobre a alegria que os poderosos teriam com sua morte.

Mas ele não se esqueceu de incentivar os apóstolos, pois, quando disse que eles se entristeceriam e chorariam, não quis dizer que isso seria para sempre, mas apenas que esse seria um momento na história da humanidade.

Esse momento, de tristeza para uns e alegria para outros, repetiu-se em muitos instantes, mostrando como andamos devagar e sem vontade, indicando que todos nós ficaríamos igualmente alegres quando descobríssemos, de fato, o que Jesus veio nos trazer.

O que Jesus trouxe para toda a humanidade foi a certeza de que os tempos se modificam; de que tudo o que hoje é cinza pode ser transformado em cor vibrante; que as coisas têm um sentido; e que, aos poucos, nós todos nos apropriaríamos disso.

O sentido que Jesus veio nos mostrar ultrapassa a razão momentânea; não tem seu significado descoberto enquanto não conseguirmos ir além das palavras e, principalmente, enquanto não conseguirmos compreender que não somos matéria em experiência espiritual, mas o contrário: somos espíritos em experiências físicas.

O que nos transforma, com o tempo, é a compreensão das palavras de Jesus, que, no entender de Pedro, são palavras de vida eterna, ou seja, superam as barreiras de tempo e espaço, projetando-nos para uma ideia mais abrangente... a ideia da felicidade. E não se trata de uma felicidade colocada entre começo e fim, mas de uma felicidade infinda, uma felicidade que não é um destino, e sim um caminho.

Além disso, dessa certeza de que conseguiríamos caminhar para uma alegria com sentido diferente do que se pensava na época, Jesus nos disse coisas que são difíceis para nossa compreensão até hoje e que, pela dificuldade que temos em apreender o sentido de suas palavras, nos assustam e fazem com que nos deixemos levar pelo medo de estar incorrendo em algum tipo de "heresia" em relação a Jesus ou a Deus.

Entre as coisas mais importantes que ele nos disse está o fato de que somos deuses – deuses com letra minúscula. Ele não quis dizer que somos o Criador, ou algo que se iguale a Ele em poder e coisas desse gênero, mas nos disse, sim, que temos dentro de nós características divinas; que essa descoberta nos levará a patamares inimagináveis de crescimento e entendimento das coisas, deste lado e do outro lado da vida.

São detalhes que não levamos em consideração por uma série de fatores, sendo o mais coercitivo o fato de divinizarmos em demasia as figuras que nos trouxeram Deus como o conhecemos hoje.

Imaginamos que é impossível sermos chamados de deuses, mas, se prestarmos atenção nas características de Deus, veremos que não é tão impossível assim, pois Deus, dentro de todas as suas perfeições, tem algumas que podemos colocar em nossa vida diariamente e sem nenhuma restrição, pois Jesus mesmo, dirigindo-se aos apóstolos, convidou-os a serem perfeitos assim como o Pai Celestial é perfeito.

Por nossa ignorância, por falta de senso em relação às nossas capacidades e pela limitação de nossos sentidos e percepções sobre a vida, achamos impossível fazer alguma coisa que Deus faça.

Isso é puro contrassenso, pois, além de nos dizer que somos deuses, Jesus também nos disse o que fazer para demonstrar nossa divindade: ele simplesmente nos disse para fazermos brilhar nossa luz.

Parece impossível que seres humanos possam fazer sua luz interior brilhar, mas é exatamente isso o que temos de fazer para conseguirmos entender as palavras de Jesus.

Jesus não nos disse quanto de luz temos de fazer brilhar, mas sim que temos luz para fazer brilhar, o que equivale a dizer que todos nós podemos clarear os caminhos por onde passamos e oferecer luz aos que estão conosco em condições menos favoráveis que as nossas.

Fazer brilhar nossa luz é, exatamente, colocarmo-nos a serviço do próximo, pois, como nos disse Jesus, o próximo é aquele que nos desperta a vontade de pôr o amor em ação, e isso se chama caridade.

A caridade pode ser compreendida como sendo material, aquela que minimiza a fome, veste os desvalidos, consola os sofrimentos, oferece visitas a enfermos e presidiários, mas pode ser, também, o tratamento sem diferenças em relação aos que nos rodeiam, entendendo que todos somos, literalmente, iguais.

Deus nos ama de maneira igual. O amor de Deus não tem preferidos nem deserdados. Ele nos ama indistintamente, embora nos ofereça o que necessitamos de forma individual, para conseguirmos fazer brilhar nossa luz cada vez mais.

Esses dois pontos nós também podemos fazer igualmente, o que nos indica que, de fato, somos deuses e não sabemos, tal como Jesus nos disse.

Quanto mais fizermos nossa luz brilhar; quanto mais nos colocarmos próximos de Deus em suas características, mais entenderemos o que Jesus nos disse quando nos falou textualmente que faremos tudo o que ele, Jesus, fez. Pelas palavras de Jesus, podemos ver e entender todo o nosso potencial e todo o amor de Deus em relação a nós todos.

Deus não cria ninguém para a destruição nem para uma destinação menos digna. Ele nos cria para que mostremos todas as nossas capacidades, seja para amar ou para realizar. Não conseguiremos entender Deus sem que tenhamos em mente sua infinita bondade e sabedoria.

Se Deus é infinitamente sábio e bom, como admitir um Deus que não queira o crescimento de sua criação?

Jesus é prova viva de que temos um caminho a percorrer e que esse caminho nos oferece todas as possibilidades para realizarmos o que ele realizou há dois mil anos, ou seja, as palavras que ele nos disse estão vivas e necessitam somente de nossa vontade e determinação para que se transformem em realidade: Tudo o que eu faço, fareis, e mais!!!

Jesus não nos mentiria, pois isso acabaria com tudo o que ele veio fazer aqui; não haveria sentido em suas palavras e ações. Ele nos disse que faremos o que ele fez e, com certeza, faremos.

O que precisamos, para isso, é deixar de lado as diferenças religiosas e sociais, para que consigamos enxergar o próximo como ele é: um instrumento para nossa evolução, um caminho para nossa felicidade.

Precisamos, também, deixar de lado a ideia de punição, que nos persegue desde sempre. Devemos entender que Deus não nos pune; o que nos pune é nossa consciência, que, aos poucos, vai nos mostrando que podemos ser melhores, pois aprendemos um pouquinho mais a cada reencarnação, e isso nos garante a mudança de pensamentos e ações em relação ao mundo que nos rodeia.

Precisamos entender, também, nossa imortalidade e destinação após a desencarnação.

Pelas religiões dogmáticas, somos enviados a lugares onde receberemos bênçãos eternas ou castigos eternos – algo muito semelhante ao que ocorre dentro da mitologia grega ou romana.

Esquecemos que isso não faz o menor sentido, chegando a ser um contrassenso, pois não é natural que Deus nos crie para, ao fim de um período de vida no planeta, voltarmos para junto Dele e sermos julgados por apenas um breve momento em que, ignorantes que somos, não conseguimos aprender nem aprimorar nossas qualidades.

Pelo conjunto da humanidade, ninguém seria beneficiado com bênçãos eternas com base nessa breve experiência, o que nos daria um destino quase inexorável: as penas eternas. Imaginem Deus destinando à sua criação um castigo tão grande, que não a melhoraria, não faria com que virtudes aparecessem, nem muito menos concorreria para que crescêssemos espiritualmente.

Ser imortal significa a possibilidade de várias oportunidades para mostrarmos o quanto vamos melhorando em relação ao que éramos, e isso só é possível se, de algum modo, continuarmos nossa trajetória em algum lugar.

Pelo que nos dizem os dogmáticos, isso não acontece. O máximo que conseguimos é ficar dormindo até que o tal dia do Juízo Final chegue. Nesse dia, seremos julgados, e por uma única experiência. Isso é, no mínimo, parcial. Ninguém tem condições, dentro dessa proposta, de conseguir resultado que garanta uma boa posição nesse *ranking* espiritual.

Visto tudo isso, chegamos à conclusão de que tem de existir algo mais que esteja de acordo com o pensamento de Deus — que é, como nos disse Jesus, o amor.

Nesse sentido, entendemos que as reencarnações são necessárias para que mostremos nosso progresso e refaçamos algumas experiências nas quais não nos tenhamos saído muito bem, garantindo assim a continuidade de nossa caminhada rumo à perfeição.

Isso acontece porque, para muitos, é mais fácil a terceirização do próprio crescimento. É mais fácil deixarmos que outros decidam por nossa culpa ou acertos.

Essa terceirização ocorre pela nossa dificuldade em mudar. Vivemos em "estado de Gabriela", repetindo aos quatro ventos que nascemos assim, crescemos assim e somos, e sempre seremos, assim. Porém, desse modo demonstramos nossa incredulidade em Jesus, pois abandonamos o que ele nos disse e ficamos somente com as ideias, já cristalizadas, de nossa incapacidade e do temor a Deus, incutidas em nosso ser desde épocas remotas.

Pensamos já estar em nosso melhor estado evolutivo, esquecendo que nosso estado evolutivo vale para hoje, pois o grande objetivo de uma reencarnação é que façamos mudanças em nossa maneira de viver, acertando coisas que não acertamos em outras existências e eliminando dificuldades de relacionamento com este ou aquele desafeto, ou seja, nosso objetivo é crescer em conhecimento e sentimento.

Deixar de lado a "Gabriela" que habita dentro de nós é nossa maior tarefa... A grande pergunta é: como fazer isso? O que usar para conseguir caminhar mais rápido e melhor? Onde está o manual de instruções sobre como viver aqui e agora?

A resposta é bem simples: o Sermão da Montanha.

Huberto Rohden, pesquisador, filósofo e historiador, nos diz, no livro *O Sermão da Montanha*, que essa parte dos Evangelhos "representa o mais violento contraste entre os padrões do homem profano e o ideal do homem iniciado". Isso quer dizer que, para superarmos nosso atual estágio evolutivo, precisamos realizar em nós o que o Sermão da Montanha nos oferece, entendendo que há uma distância que nos separa do ideal que queremos; do que ainda somos para o que conquistaremos efetivamente.

Esse ideal será alcançado, mas precisamos realizar em nós o máximo possível de superação para deixarmos o homem velho para trás, como nos pediu Jesus.

Deixar para trás quem somos é entender que precisamos nos superar, deixar de lado o que nosso intelecto muitas vezes nos diz sobre o que é certo e errado. Devemos deixar para trás as velhas superstições sobre o que seja a vida no plano espiritual, entender que somos seres holísticos e não somente um corpo físico animado por um espírito, fadado ao bem ou mal eternos.

Precisamos entender que somos o espírito que anima o corpo que temos, e que o deixaremos, um dia, para voltarmos à Pátria Espiritual, onde realizaremos um balanço do que vivemos e nos prepararemos para uma nova etapa; onde, mais uma vez, teremos a oportunidade de utilizar os conhecimentos que adquirimos para voos maiores em direção a nós mesmos.

Temos todas as condições de realizar esse projeto de vida dentro de nós, utilizando a intuição, pois não existe ninguém que admita, em sã consciência, que não exista vida depois da vida, incluindo-se nesse caso todas as religiões, pois nenhuma delas nos diz que o espírito morre, e isso faz sentido. O que não faz sentido é o destino que nos é dado por elas.

Essa certeza, por si só, já seria suficiente para nos fazer mudar, mas, devido a interferências religiosas, simplesmente nos esquecemos de viver intensa e completamente, deixando-nos arrastar por séculos a fio de superstições, medos e fé cega, esta tudo aceitando sem questionamentos.

Essa mesma intuição que mencionamos nos permite visualizar um futuro melhor e mais leve em relação a nós mesmos e ao que faremos depois que atingirmos o nível de Espírito Puro.

Se hoje nós já ajudamos aqui, da melhor maneira possível, é fácil imaginar que faremos coisas que nem sonhamos, mas que já tivemos oportunidade de ver quando Jesus esteve encarnado entre nós e das quais ele nos disse que seríamos capazes.

Tudo isso está no Sermão da Montanha, e de maneira tão grandiosa, que impressionou Gandhi, o grande líder indiano, responsável pela libertação da Índia do jugo britânico. A respeito do Sermão, ele declarou: "Se fossem perdidos todos os livros sagrados da humanidade, e só se salvasse o Sermão da Montanha, nada estaria perdido".

Sem sombra de dúvida, o Sermão da Montanha é, realmente, nosso manual de instruções, que nos ajuda a viver o aqui e o agora, e também o futuro, em outros planetas mais evoluídos, quando, pelo nosso desenvolvimento espiritual, formos designados para lá.

Para melhor compreensão e didática, dividiremos o Sermão da Montanha em cinco partes, a saber: Liberdade e bem-aventuranças; Características do verdadeiro discípulo; Relacionamentos humanos; O Pai e nós; Cuidados durante a reencarnação.

Boa leitura!

Liberdade e bem-aventurança

"O Senhor marcou com seu selo todos aqueles que creem Nele. Cristo vos disse que com a fé removem-se montanhas. Eu vos digo que aquele que sofre e que tem a fé como base será colocado sob sua proteção e não sofrerá mais. Os momentos de maior dor serão para ele as primeiras notas da alegria da eternidade. Sua alma se desprenderá de tal modo do seu corpo que, enquanto este estiver morrendo, ela planará nas regiões celestes, cantando com os anjos os hinos de reconhecimento e de glória ao Senhor."

O Evangelho segundo o Espiritismo – Capítulo 5 – Item 19 – Santo Agostinho

A questão da liberdade é muito delicada quando a tratamos somente em relação ao tempo em que estamos. Isso porque essa limitação não permite que nos vejamos em situações diferentes no passado ou no futuro.

Jesus, quando veio ao planeta, tinha esta ideia: mostrar-nos que viveríamos em tempos melhores, por isso o conceito de um reino onde todos poderiam ser felizes e gozar dos mesmos benefícios que os ricos e poderosos tinham naquele momento.

A linguagem de Jesus é clara quando nos diz que aquele momento era bom para os poderosos sim, mas que eles não entrariam no reino dos céus se continuassem se comportando da maneira como o faziam.

O comportamento da classe dominante da época era, mais ou menos, o mesmo comportamento de hoje, ou seja, garantir a continuidade dos privilégios e do poder, não importando os meios usados para isso.

É evidente que os tempos são outros, e as lutas que a humanidade tem travado para conquistar direitos individuais e coletivos têm minimizado os efeitos disso tudo, mas a situação continua a mesma: quem detém o poder quer mantê-lo a todo custo e, por outro lado, quem não tem o poder luta para conquistá-lo.

Claro que Jesus não estava de acordo com o que acontecia naquela época; por isso mesmo, fala-nos em liberdade. Liberdade é poder escolher o que queremos para nós e, por esse motivo, ele não invalida os poderosos e os ricos; pelo contrário, mostra-nos que é possível conviver com as coisas materiais e, ao mesmo tempo, dedicar-nos aos menos favorecidos. Isso quer dizer que não precisamos passar por uma vida de privações, necessidades, dificuldades provocadas por nós mesmos para alcançar o reino dos céus. É necessário, isso sim, que tenhamos discernimento, bom senso e, mais importante, que nos conscientizemos da transitoriedade das coisas materiais.

Se nos colocarmos diante do Sermão da Montanha utilizando somente a razão, não conseguiremos levar adiante a tarefa de transformação que temos perante nós, pois parece humanamente impossível que uma pessoa sinta-se bem passando por tantas coisas desumanas para atingir um patamar mais elevado. Mas, quando olhamos com os olhos do espírito, percebemos que não existe outra maneira – temos que nos acostumar com a ideia de que não ficaremos aqui para sempre e que, nesse meio-tempo, preparamos os passos seguintes em direção ao futuro que nos aguarda.

Quando conseguimos perceber as palavras de Jesus como um convite ao exercício de futuro que se encontra nas bem-aventuranças, compreendemos que a liberdade, quando bem usada, nos garantirá dias melhores e mais felizes, pois, sabendo que somos imortais e que tudo o que há de material é passageiro, sobram-nos, como conquistas, as coisas espirituais, e são elas que nos garantirão passagem para estágios mais elevados em conhecimento e amor.

As bem-aventuranças são o maior motivo de felicidade já nos mostrado por alguém. Elas nos indicam que, não importando o grau evolutivo em que estejamos, podemos começar hoje a transformar nosso destino.

São as bem-aventuranças que nos incentivam a caminhar cada vez mais rápido pela estrada de nossas escolhas, pois a cada acerto estamos mais perto de nós mesmos tal qual Deus nos criou, ou seja, como seres divinos.

Ao nos mostrar que esse reino de amor não está deste lado da vida, Jesus nos dá a certeza da transformação, pedindo-nos que sejamos cada vez mais coerentes conosco, pois, por meio das múltiplas encarnações, teremos oportunidades novas para exercitar o que já conquistamos espiritualmente e novas situações para que façamos de modo diferente o que ainda não conseguimos fazer tão bem em existências anteriores.

Por tudo isso, é importante que tenhamos a mente sempre aberta para o novo, pois essas experiências têm como objetivo principal nos oferecer oportunidades de mudança de comportamento, dando-nos chance para mudarmos os paradigmas que, inconscientemente, vamos colocando em nossa vida e que acabam se cristalizando, impedindo, dessa forma, o nosso progresso. As bem-aventuranças nos mostram como atingir o reino dos céus, mas para isso precisamos aprender a viver aqui e agora.

As bem-aventuranças estão no Capítulo 5 do Evangelho de Mateus. São poucos versículos, mas tão poderosos, que já foram escritos inúmeros livros sobre o significado deles.

Tão importantes são as bem-aventuranças na vida da humanidade que, quando as lemos, colocamo-nos diante de nós mesmos e nos achamos incapazes de assumi-las em toda a sua plenitude.

Isso nos mostra a grandeza de Jesus, que veio ao planeta não para que nos transformássemos imediatamente, sabedor de que algo assim seria impossível, mas para que, com o tempo, nos acostumássemos com ideias novas de salvação e felicidade.

Faz já dois mil anos de sua passagem por aqui e ainda não estamos completamente preparados para uma felicidade tão grande e esplendorosa, justamente por termos muito a aprender. Mas, quando lemos as bem-aventuranças; quando conseguimos compreender o significado do que seja felicidade realmente, colocamo-nos pensativos e desejosos de que tudo o que Jesus nos disse se transforme em realidade.

A realização dessa felicidade tem como ponto de partida nossa decisão de sermos melhores, de trilharmos um caminho que vai nos oferecendo cada vez mais felicidade.

Apesar dos poucos versículos, as bem-aventuranças encerram toda a felicidade possível neste planeta e em qualquer outro em que venhamos a reencarnar no futuro. São oito pequenos enunciados que transbordam verdade e felicidade quando colocados em nossa vida, sendo que os três primeiros nos falam da felicidade conosco; os dois seguintes nos informam como sermos felizes com o próximo; e, finalmente, os três últimos nos mostram a felicidade com Deus.

Vamos lá?

> **"Bem-aventurados os pobres de espírito, porque deles é o reino dos céus."**
>
> *Mateus 5:3*

Pobreza de espírito não tem nada a ver com pobreza ou riqueza material; isso nós decidimos antes de reencarnarmos. Alguns pedem a prova da pobreza, enquanto outros pedem a prova da riqueza, e as duas são importantes para o desenvolvimento espiritual.

O que Jesus nos pede, ao nos dizer que os pobres de espírito terão o reino dos céus, é que nos coloquemos de maneira a não humilharmos os semelhantes, tendo ou não tendo dinheiro.

Isso quer dizer que, independentemente de nossa posição no mundo material, temos de lembrar sempre que somos todos iguais, ou seja, filhos de Deus, que nos cria a todos da mesma maneira e nos ama igualmente.

As diferenças que vão aparecendo nada mais são do que o resultado de nossas escolhas pela vida afora, ao longo das reencarnações que vivemos e com o aprendizado em cada uma delas.

Basicamente, o que precisamos entender sobre ser pobres de espírito é nosso posicionamento diante da vida e em relação aos demais companheiros de viagem.

Jesus nos pede que sejamos humildes e, pela falta de entendimento que temos sobre o que seja humildade, confundimos as coisas, pois associamos humildade, muitas vezes, à condição econômico-financeira que este ou aquele tenham.

Precisamos entender que a humildade está além de, simplesmente, sermos ricos, pobres, remediados, miseráveis ou coisa que o valha. A humildade está intimamente ligada ao que entendemos da vida como um todo e, principalmente, sobre nossos limites. É algo que vai além do material; é entender que o orgulho nos atrasa a caminhada, pois nos deixa com a impressão de que somos mais que as outras pessoas, e sabemos que isso não é verdade. Tanto não é verdade que, independentemente do que mostramos em aparência, somos todos iguais, tanto ao nascer quanto ao desencarnar.

O intervalo entre a chegada e a partida é que faz a diferença, ou seja, não podemos nos deixar levar pelas aparências, pelo que temos ou pelo que os outros não têm.

Outra coisa importante é quanto à vaidade do que pensamos saber. Às vezes temos um conhecimento muito vasto sobre determinados assuntos e nos achamos o máximo, colocando-nos acima da média das pessoas.

Isso não só nos faz mal como também nos deixa com uma imagem de arrogância que não nos abandonará com tanta facilidade, pois o que precisamos aprender e compreender é que todos, mais dia, menos dia, terão um conhecimento semelhante, uma vez que as oportunidades que tivemos em nossa vida estão disponíveis a todos, para cada um a seu tempo – em um futuro não muito distante, todos seremos bem iguais.

Portanto, não fiquemos com o sinal de mais em nossa testa, colocando-nos acima da média, e entendamos que humildade é algo a ser conquistado por intermédio de exercícios que nos farão compreender as lições implícitas em cada momento reencarnatório.

Os verdadeiramente humildes sabem que tudo isso é passageiro, seja a riqueza ou a pobreza, e o que importa realmente é o que fazemos em relação a nós e aos que cruzam nossos caminhos, com ou sem dinheiro.

Superar limites é prova de humildade, seja pelo estudo ou capacitação em escolas e instituições, seja pelo pedido de ajuda na solução de problemas que estejam além de nossa capacidade atual.

Mais importante ainda é sabermos que somos todos iguais, independentemente de nossa posição no atual momento encarnatório, o que nos deixa com um único sinal: igualdade.

Entendermo-nos como iguais a todos os nossos irmãos é fundamental para o exercício da alteridade, visão que nos mostra que podemos ser diferentes, sim, mas que essas diferenças existem para que aprendamos uns com os outros, em um grande movimento de solidariedade universal.

Para sermos solidários, temos que levar a sério este fato: somos todos irmãos, e por isso precisamos tomar atitudes que estejam de acordo, tendo cuidado com as palavras que usamos, com nossas ações, e olhando com bons olhos as pessoas, para não ofendermos ninguém, a fim de compreender todos em sua individualidade e escolhas diante da vida.

Outra coisa que nos faz bem é exercitar os ouvidos ao escutar as pessoas, visto que exercitamos muito bem a fala e às vezes esquecemos de ouvir. O que as pessoas mais querem, ao nos procurar, é serem ouvidas – e de maneira sincera, para que possam abrir seu coração e, assim, aliviá-lo, bem como sua alma, encontrando desse modo um refúgio onde possam descansar dos diversos reveses da vida.

Os humildes também sabem que tudo no planeta é transitório e que, mais dia, menos dia, tudo chegará ao fim, portanto entendem que as coisas ruins passarão e que as coisas boas também.

Aprender o que o planeta nos oferece por meio de experiências e observações que fazemos durante a reencarnação é o grande objetivo, e dividir com os outros companheiros de viagem esse aprendizado nos ajuda a crescer.

**"Bem-aventurados os que choram,
porque eles serão consolados."**

Mateus 5:4

Quem nunca chorou na vida? Ora, todos nós choramos um dia, pelos motivos mais variados, pois somos únicos e temos caminhadas diferentes. O importante é notar que Jesus nos avisa que chorar não é algo ruim, não importando o motivo pelo qual tenhamos chorado.

O que importa é entender que seremos consolados, pois o choro não terá sido em vão; o que nos fez chorar vai ter um fim, e novas oportunidades surgirão em nossa vida.

Lembremo-nos da adolescência e veremos como é certo o que Jesus nos diz. Quando somos adolescentes, tudo é motivo para nos chatear, para nos deixar com baixa autoestima. Isso é natural, pela falta de experiência que temos, pois estamos descobrindo um mundo totalmente novo e com muitas surpresas – algumas boas, outras nem tanto.

Passada essa fase de descoberta, vemo-nos diante da necessidade de caminharmos com as próprias pernas, deixando de lado a tutela de nossos pais, e passamos a enfrentar a vida com todas as possibilidades que ela nos oferece e todos os subsídios que conquistamos, garantidos pelos anos nos bancos escolares, do Fundamental até a universidade.

Infelizmente, nem tudo são rosas em nossa caminhada e, por isso mesmo, encontramos situações que nos deixam abatidos e insatisfeitos com os resultados que obtivemos.

A grande proposta de Jesus para esta bem-aventurança é que troquemos as preocupações materiais pelas de ordem espiritual, ou seja, que paremos de nos preocupar em demasia com as coisas que atendem aos sentidos físicos e passemos a valorizar mais as coisas que nos elevarão espiritualmente.

Os erros que cometemos durante a reencarnação poderão ser reparados, seja durante o período em que estamos vivendo, seja em outro período reencarnatório. O importante é compreender que não existem punições eternas; o que precisamos é, o mais rapidamente possível, acertar os ponteiros com aqueles que magoamos.

Como fazer isso? Reconhecendo os erros que tenhamos cometido, pedindo desculpas e aprendendo com os resultados de nossas ações. É possível que não seja fácil dessa maneira, mas o que importa é termos dado o primeiro passo em direção à solução, pois as questões serão resolvidas à medida que o entendimento vá crescendo entre todos os envolvidos.

Devemos lembrar sempre que errar é humano, mas que perdoar também. Esquecemo-nos desse detalhe e, para piorar a situação, terceirizamos o perdão, sem compreender que é nossa tarefa acabar com os mal-entendidos, fazendo com que nossos desafetos se transformem em possíveis afetos, por intermédio do acatamento de pedidos de desculpa – os quais muitas vezes não aceitamos, em uma atitude irracional.

Jesus sabia que perdoar era algo racional, e a ciência vem descobrindo, a cada dia com mais certeza, que a saúde depende de nosso estado emocional. Vemos assim o esquecimento de rancores, mágoas, ressentimentos como um grande aliado no alívio das dores da alma e do corpo físico.

Cada vez que esquecemos um desaforo, uma ofensa; a cada rancor que deletamos do coração ficamos mais saudáveis, com nosso sistema imunológico funcionando melhor e nos protegendo contra doenças oportunistas, por exemplo, gripes e resfriados.

Essa possibilidade, por si só, já é consoladora, pois nos mostra que podemos começar de novo a cada tropeço, ajustando nosso comportamento e nossas ações ao aprendizado obtido. Isso nos leva a um crescimento muito grande, já é uma demonstração de que, espiritualmente, estamos evoluindo e olhando para o próximo com olhos mais brandos, admitindo também que não somos melhores do que ninguém e que os erros cometidos, por quem quer que seja, ocorreram por falta de conhecimento.

Lembremo-nos do paralítico do tanque de Betsaida; fazia 38 anos que ele ia todos os dias em busca da cura, mas sem sucesso. Por quê? Não estava na hora. No tempo certo chegou quem lhe daria condições de retomar a caminhada, caso ele quisesse. Jesus o viu e sentiu que o momento era aquele. Perguntou-lhe se queria andar e, depois da resposta afirmativa, disse-lhe com voz firme: "Levanta, pega tua cama e anda". O Evangelho de João nos diz que a cura foi instantânea. Imediatamente, o paralítico andou.

Ao que tudo indica, ele estava em um processo de expiação por algum motivo; mesmo assim, mostrando sua vontade de reparar o erro e recuperar a mobilidade, ele ia para o tanque, sempre à espera de um milagre.

Só que milagres não existem; dependem de nossa mudança de atitude em relação à vida. À medida que ele ia deixando para trás os motivos que trazia em relação ao passado, ia também se qualificando para a cura vindoura.

Jesus só deflagrou o que ele necessitava: deu o comando que o cérebro do paralítico entendeu como sendo a cura e... ela aconteceu. Isso quer dizer que precisamos olhar nossa vida não com olhos de culpa ou castigo, mas com olhos de amor e vontade de viver, agradecendo todos os dias da vida, não importando como eles se nos apresentem.

Essa aflição, que não sabemos de onde vem, cuja origem desconhecemos, faz-nos pensar em punição, mas não se trata disso. São oportunidades que nos são oferecidas para que nos livremos de um mal adquirido por atitudes não tão boas, que terminará de acordo com nossa melhora em relação ao que ocasionou o fato. É o que se chama de causa e efeito; se procurarmos as causas de nossas aflições e não as encontrarmos nesta existência, podemos ter a certeza de que ela está em outra reencarnação, pois não existe efeito sem causa e, se Deus é justo tal como sabemos que é, a causa é justa também.

No caso do paralítico, Jesus é bem claro, pois ao reencontrá-lo avisa-lhe que não torne a errar, uma vez que as consequências seriam ainda piores, ou seja, aprender com os erros cometidos, arrepender-se e buscar o entendimento é fundamental, pois essa atitude nos livrará de cometer os mesmos erros, prejudicando assim ainda mais nossa caminhada.

Nossas atitudes vão nos mostrando que os pesos que carregávamos em termos de ódios, rancores e ressentimentos vão ficando cada vez menores, e nos sentimos felizes em poder caminhar com mais rapidez, deixando para trás esses sentimentos e emoções que nos atrasavam.

Tem mais: as dificuldades e aflições não são, necessariamente, de outras existências. A maioria delas é desta existência mesmo, devido a um motivo muito importante e que não costumamos perceber: nós, em vez de entendermos que temos de solucionar as questões passadas, conseguimos arranjar mais encrenca, dificultando assim ainda mais as coisas.

Isso acontece porque não valorizamos a oportunidade que recebemos e não percebemos a grandeza da experiência de estar vivo. Ficamos apáticos diante do cenário maravilhoso chamado planeta Terra, sem perceber que esta casa planetária tem tudo de que precisamos para desenvolver nossas habilidades e nos conscientizarmos de que necessitamos viver em harmonia com tudo e todos.

Essa apatia nos transforma em seres que não valorizam as coisas que têm e ficam ansiando pelas que ainda não conseguiram conquistar, o que proporciona sempre a sensação de não saciedade – ou seja, de tanto ansiar pelo futuro, acabamos não vivendo o grande momento que temos ao nosso dispor, que é o presente.

Fora essa ansiedade, conseguimos ainda reunir em nossa vida decepções que nos trazem tristeza, desalento e, principalmente, nos deixam abatidos e sem disposição para entendermos as pessoas – isso tudo porque as idealizamos como gostaríamos que fossem, e não como são.

De fato, queremos que as pessoas satisfaçam nossas expectativas em relação a tudo: queremos que nos amem, que sejam como nós somos ou o mais parecidas possível, que sintam exatamente as mesmas coisas que nós, embora isso seja impossível. A partir da constatação de que as pessoas não são nem nunca serão o que queremos que sejam, acontecem as decepções.

Então, o que temos a fazer em relação às outras pessoas é entender que elas são como são e nos oferecem somente o que têm para oferecer: nem mais, nem menos. "Mas eu gostaria que fosse diferente..." Claro que sim... E provavelmente elas ficarão diferentes se ficarmos diferentes em relação a elas. Se não esperarmos demais das pessoas, elas sempre nos oferecerão atitudes que não esperávamos e, dessa forma, perceberemos que elas, assim como nós, podem mudar e nos surpreender.

Outra causa de aflições desta existência é o setor financeiro, pois queremos sempre mais, achando que temos pouco, muito pouco.

Quando nos conscientizamos de que temos o que pedimos e que precisamos nos habituar com isso, a dor é menor, pois entendemos que está de bom tamanho e que será aumentado sem sofrer, devagar e à medida que nossas necessidades se fizerem, realmente, maiores.

Para isso, temos de nos habituar a um controle sobre nossas finanças, fazendo com que os gastos se ajustem ao que ganhamos, em um exercício de economia doméstica muito conhecido das administradoras do lar.

Feito o ajuste em nossas contas, é possível, devagar e sempre, aumentar a satisfação com o que temos e com o que poderemos ter, sempre levando em conta nossa programação reencarnatória e a Lei de Ação e Reação.

Outro ajuste que precisamos fazer em nossa existência é quanto ao tanto de rancor que guardamos no coração e na mente. São coisas demais; ninguém aguenta e, quando a gente menos espera, encontramo-nos em situações críticas e delicadas.

Não nos esqueçamos de que as emoções são um componente muito importante e que, em grande parte, são responsáveis pelas doenças que nos acometem e pelos sustos que levamos, particularmente os que vêm do coração, em sentido figurado e real, pois o coração não aguenta tanta mágoa, tanto rancor, tanto ressentimento, e simplesmente explode... Aí é um corre-corre: chamamos o Samu, vamos para o hospital, entramos em emergência, e torcemos para que tudo dê certo e saiamos de lá com vida.

Poderia ser diferente se, em vez de rancor, mágoa, ressentimentos enchendo o nosso coração, nós o tivéssemos enchido de sentimentos menos ácidos. A vida seria muito melhor, mais produtiva e... menos aflitiva.

Portanto, amigos e amigas, vamos olhar para o que Jesus nos propõe nas bem-aventuranças. Trilhemos caminhos mais felizes, afinal, merecemos toda a felicidade que elas nos oferecem.

A proposta de Jesus é que percebamos a suavidade do caminho feito de coisas mais tranquilas, sem que tenhamos de deixar o progresso material, pois sabemos que o planeta nos exige essa preocupação, mas entendendo que podemos seguir para os mesmos objetivos com outras perspectivas em relação ao próximo, e que isso nos oferece possibilidades muito melhores em relação a nós mesmos e aos que nos cercam.

Caminhar com mochilas mais leves nos fará atingir velocidades maiores e vencer distâncias com mais facilidade, procurando dentro de nós motivos para nos alegrar com os que estão conosco e, ao mesmo tempo, mostrando que é possível a superação de crises de relacionamento por meio das palavras de Jesus. Dessa forma, aumentaremos nossa capacidade de vivermos momentos felizes por mais tempo.

Sem dúvida, nosso crescimento espiritual será bem mais rápido, e isso é importante quando pensamos em atingir a perfeição para a qual somos destinados: quanto mais rápido e melhor desempenharmos nossas habilidades espirituais, maior a chance de diminuir o tempo que levaremos para chegar lá.

> **"Bem-aventurados os mansos,
> porque eles herdarão a terra."**
>
> *Mateus 5:5*

Interessante como Jesus retrata a mansuetude.

Entendamos a Palestina daquela época, sob o domínio do Império Romano, com juízes que julgavam quando e como queriam, com doutores da lei fazendo e desfazendo, com escribas copiando as Escrituras sem o mínimo interesse em modificar a maneira de ser. E Jesus avisa que os mansos herdarão a terra... o planeta Terra.

Ficamos pensando: "Como, diante de tudo isso, ser manso?" Haja vista o caso de Judas Iscariotes... Ele não teve mansuetude suficiente para entender o que se passava ali. Quis apressar o andar da carruagem, colocou fogo na fogueira, vendeu Jesus para que os "exércitos" dele invadissem a região, acabando com os dominadores e a corrupção. Enganou-se e amargurou o engano por muitos séculos.

Jesus nos diz que a violência não resolve os problemas do dia a dia... Violência só gera violência.

Estamos nos acostumando com a violência pela maneira como ela nos vem sendo mostrada: de forma maciça e constante, por intermédio de programas que se especializaram nesse tipo de jornalismo e que, por achar que não podemos nos alienar, mostram-nos somente um lado do cotidiano. Isso nos faz perceber que temos de procurar modos de nos isentarmos desse verdadeiro ataque contra as nossas defesas mais íntimas.

A única maneira de isso acontecer é colocarmos o foco em coisas mais produtivas e nobres do ponto de vista espiritual. Não é nos colocarmos alienados ao que estamos vivendo, mas perceber que, em meio a tantas notícias ruins, existem coisas boas; e, de nossa parte, devemos nos colocar a favor de toda e qualquer iniciativa que nos faça mais serenos no dia a dia.

Isso envolve nossa postura diante de coisas que são muito entranhadas em nossa vida e que precisamos modificar para, mudando coisas pequenas em nós, conseguirmos uma mudança maior em relação às grandes questões que fazem o mundo de hoje, um mundo de violência.

Praticamente todos temos um time do coração, e basta isso para que travemos verdadeiras batalhas com aqueles que não tenham a mesma visão.

Isso quer dizer que devemos deixar de lado as paixões, mesmo que seja essa grande paixão nacional chamada futebol, embora não queira dizer que não possamos externar nossas preferências ou opiniões sobre este ou aquele time.

Podemos conversar sobre tudo, desde que não façamos do próximo alvo de deboche ou, para usar uma palavra da moda, *bulliyng*. Infelizmente, temos essa característica em relação aos que não são exatamente como achamos que deveriam ser.

É só ver o comportamento de Jesus para compreender o que é ser manso. Ser manso é mais do que simplesmente não reagir às provocações; é saber o que está acontecendo e traçar planos de ação para que os resultados que objetivamos apareçam no devido tempo... sem antecipações improdutivas. Isso vale para todos os setores da vida, pois não adianta lutar contra; o que importa é entender o que está acontecendo e, a partir daí, trabalhar da mesma forma que Jesus.

Jesus era manso e, mais ainda, resignado. Ser resignado não quer dizer conformado. Ele sabia pelo que teria de passar, e sabia também que teria de encontrar a melhor maneira para que isso acontecesse e produzisse os frutos esperados.

Ele, assim como nós, também cambaleou e pediu ao Pai que afastasse dele o cálice, mas deixou claro que, caso não houvesse como, ele aceitaria e faria o que fosse preciso.

Para que as coisas acontecessem de maneira efetiva, ele teve de utilizar o conhecimento que tinha, pois sabia que, mais dia, menos dia, os fariseus e doutores da lei se livrariam dele.

Não arredou pé da tarefa; realizou até o fim o que veio fazer e nos deixou exemplos que, mesmo não sendo levados ao pé da letra, nos transformaram em pessoas melhores.

Ninguém precisa se deixar crucificar; ninguém precisa se colocar como salvador do mundo; ninguém precisa dizer-se melhor do que ninguém; mas precisamos entender que ninguém é pior que ninguém. Isso quer dizer que, sem exageros, podemos caminhar mais rápido e melhor apenas nos colocando de frente para as coisas que nos acontecem, compreendendo o significado delas e, resignadamente, encontrando soluções para nossos problemas.

Ser manso e produtivo é a melhor maneira de solucionarmos os problemas que aparecem em nossa vida. Aceitação é o primeiro passo, depois conhecer o problema e, a partir daí, trabalhar para que as soluções apareçam por intermédio das ações que levarmos a efeito.

Para que tudo isso dê certo, precisamos usar todo o conhecimento já adquirido, e que não é pouco. Sabemos muito mais que tempos atrás e temos de manter a calma e a resignação para alcançarmos nossos objetivos.

Planejamento e ação facilitam a vida; assim, saberemos com antecedência os passos a dar, os resultados a esperar e, se necessário, poderemos mudar a estratégia. Não adianta reclamar; o que temos a fazer é agir da melhor maneira possível e ficar atentos aos desdobramentos de nossas ações. Principalmente por um detalhe importantíssimo: o planeta está em fase de transição.

Transição para onde?

Para um Mundo de Regeneração. Isso não é novidade nenhuma, pois praticamente todas as religiões falam disso, cada uma a sua maneira. Mas a grande palavra para este período é: mudança. Mudança de padrão vibratório, pois a humanidade começa a vibrar diferente, e somente os que entrarem nessa vibração conseguirão permanecer no planeta quando ele entrar, definitivamente, em regeneração.

Claro que nada é de uma hora para outra; oportunidades nos são oferecidas todos os dias para que entendamos o que é essa herança e como tomar posse dela.

A definição que Agostinho nos oferece em *O Evangelho segundo o Espiritismo*, Capítulo III, Item 19, é de suprema importância para nossos anseios, pois ele nos diz que no Mundo de Regeneração a lei de Deus imperará.

O que Jesus nos disse sobre os mandamentos mais importantes? O primeiro é: amar a Deus; o segundo: amar ao próximo. Isso quer dizer que temos de nos esmerar em amar ao próximo, mesmo porque amar a Deus é quase natural para a maioria das pessoas. Mesmo aqueles que não o amam ainda têm certa dúvida sobre sua existência.

Quando percebemos isso, temos de canalizar todos os nossos esforços para a segunda parte: amar o próximo.

Esse mandamento é difícil e requer bastante treinamento, pois apenas o exercício incansável do amor o fará automático em nossa vida.

Como podemos exercitar o amor? Simplesmente amando tudo o que conseguirmos, da melhor maneira possível, pois, à medida que vamos amando, melhor se torna nossa forma de amar. Isso implica acabarmos com os preconceitos em nossa vida, seja de que tipo forem.

Podemos começar em casa e espalhar o amor para o resto de nossos relacionamentos, até que, um dia, atinjamos seu ponto máximo, que é amar toda a humanidade, indistintamente... Quem nos deu esse exemplo? Ele mesmo: Jesus.

> **"Bem-aventurados os que têm fome e sede de justiça, porque eles serão fartos."**
>
> *Mateus 5:6*

A justiça será feita; não existe a menor possibilidade de que algo fique sem reparação.

O que precisamos aumentar é nossa percepção sobre o que seja a vida em si. Limitamo-nos a uma única encarnação e, por isso, não conseguimos compreender como tantas coisas inexplicáveis acontecem.

Ficamos com dúvidas em relação à justiça, à sabedoria e ao amor de Deus. Como é possível que uns tenham tanto e outros tão pouco? Como é possível representantes do povo agirem da forma que tantos agem? Como podem se dar tão bem fazendo coisas tão ruins? E mais ainda: como ficam as diferenças de possibilidades entre uns e outros? Como explicar o amor de Deus se as oportunidades não acontecem para todos com a mesma facilidade?

Por que tantas diferenças entre seres humanos que foram criados por Deus de maneira igual?

Quando pensamos em um espaço de tempo tão pequeno quanto o de uma reencarnação, fica muito difícil entender; é preciso que nos coloquemos como espíritos imortais que somos; que vejamos com olhos de futuro, para perceber que tudo está no devido lugar.

Cada um tem as experiências de que precisa e, por isso mesmo, as situações são, aparentemente, desiguais. Se prestarmos atenção, veremos que, a cada nova reencarnação, trocamos de papel e nos colocamos em situações diferentes das que temos vivido.

A cada experiência reencarnatória estamos em lugares diferentes e com projetos diferentes, garantindo que nossos desejos e aspirações manifestados anteriormente possam ser atendidos. Melhor ainda: a cada reencarnação, percebemos que muito do que desejávamos acaba perdendo o sentido devido a nosso crescimento espiritual, que, mais avançado, conscientiza-nos de que não eram coisas tão importantes assim.

E quanto as injustiças que cometem contra a nossa pessoa? Injustiças de julgamento... Julgamento feito, muitas vezes, sem que, ao menos, soubéssemos qual teria sido o "crime".

O que isso quer dizer?

Que não importa o que pensam sobre nós; o que importa é nosso comportamento e caráter. E, ainda mais importante: tudo aquilo que fizemos, e que não foi assim uma maravilha em relação às outras pessoas, também encontrará sua maneira de chegar até nós, para que possamos fazer diferente, melhorando nossos relacionamentos e transformando nossas ações em atos mais positivos.

A justiça será feita em todos os sentidos e em relação a tudo e a todos... inclusive em relação a nós mesmos.

Quantos julgamentos já fizemos levando em consideração somente nossos próprios pontos de vista, sem nos aprofundarmos na questão? O que nos faz pensar mal dos vizinhos, por exemplo? Será que não é nossa inveja em relação ao que eles já conquistaram e que também queremos em nossa vida?

Ora, se queremos viver tão bem quanto pensamos que nossos vizinhos vivem, temos que entender que eles escolheram o que vivem e que nós escolhemos o que vivemos, ou seja, vamos nos acostumando com a ideia de que não existem deserdados, não existem privilegiados.

O que existe, realmente, são as experiências que cada um tem para modificar suas atitudes diante da vida e melhorar o interior, usando de maneira saudável todos os benefícios que a vida possa ter colocado em seu caminho.

Devemos, sobretudo, trabalhar para conquistar o que queremos, e, quanto mais reparamos no que os vizinhos têm, mais difícil fica essa conquista. Portanto, vamos entender a justiça divina, que, como sabemos, é soberana e infalível, agindo em nós pelas escolhas que fazemos, oferecendo-nos exatamente o que pedimos.

> **"Bem-aventurados os misericordiosos, porque eles alcançarão misericórdia."**
>
> *Mateus 5:7*

Misericórdia é colocar o coração em ação, ou seja, pensar menos e agir mais, compreender mais os que nos rodeiam e a quem, muitas vezes, deixamos de lado, esquecidos de suas dores e necessidades físicas e espirituais.

A misericórdia nasce da necessidade que sentimos em prestar atenção ao próximo; a como ele está passando por determinados momentos; a como se sente em relação a ele mesmo e ao mundo que o cerca.

Particularmente nestes tempos de transição, em que vemos tantas coisas acontecendo ao mesmo tempo; em que vemos tantos conflitos sendo gerados pelo egoísmo e orgulho de dirigentes, é hora de olharmos com um pouco mais de atenção para a humanidade, da qual fazemos parte e que sofre as consequências de atitudes de dirigentes inconsequentes.

Necessário é dizer que a misericórdia começa no que sentimos, também, em relação a nós mesmos.

Muitas vezes nos cobramos em demasia, menosprezando nossos esforços, em um perfeccionismo insano e que nos conduzirá, com bastante probabilidade, a uma grande decepção conosco, levando-nos à depressão ou a outras doenças do espírito.

Isso ocorre porque colocamos a autoestima em níveis tão baixos que não conseguimos encontrar motivos para nos tornarmos melhores. Sendo assim, não achamos formas para modificar os pensamentos, que, como sabemos, tanto pela espiritualidade quanto pela ciência, são determinantes em relação ao que fazemos a nós mesmos em termos psíquicos.

Não somos a palmatória do mundo, é bom que não esqueçamos isso, pois é a única maneira de caminharmos fazendo o que viemos aqui fazer: aprender.

Não raro, o aprendizado é mais lento pela nossa imaturidade em relação ao mundo em que vivemos, por isso erramos muito e demoramos em encontrar a solução, mas não quer dizer que as outras pessoas não erram; elas têm, talvez, uma visão melhor do que seja viver, e nós, com certeza, um dia, também teremos.

Para isso, temos que nos colocar como aprendizes, tirando proveito dos erros que cometemos e buscando, de forma sólida, evitar errar onde já erramos.

Acionar o cardíaco, gerador de bons sentimentos em relação a nós mesmos e em relação a todos, é a melhor maneira de dizer o quanto somos gratos pelas experiências que nos estão sendo proporcionadas nesta existência.

Mesmo que nossa vida não esteja da maneira como gostaríamos; mesmo que os problemas muitas vezes nos sufoquem; mesmo que todo o mundo pareça não nos ver, devemos nos concentrar na melhora do ambiente do nosso próximo, pela emanação de vibrações de força, equilíbrio e harmonia. Apenas desse modo teremos para nós mesmos uma situação melhor.

Francisco de Assis compreendeu muito bem as palavras de Jesus e, melhor ainda, praticou essas mesmas palavras de maneira intensa. Claro que não somos parecidos com ele no amor que temos a nós mesmos e à humanidade, mas é sempre um começo muito bom nortearmos nossas atitudes pelas de quem soube amar os pobres quase como Jesus.

Bons sentimentos se conseguem por um exercício constante em nossa vida. Esse exercício começa pela observação simples de que a vida é igual para todos, mudando as experiências pelas quais passamos, pois estas são individuais e duas pessoas não sentirão o mesmo ao vivenciar experiências semelhantes, mas podemos fazer um esforço de compreensão ao não julgar, não comentar situações de forma desnecessária e, principalmente, ao permitir que nosso coração aja em favor de todos e de nós mesmos.

> **"Bem-aventurados os limpos de coração, porque eles verão a Deus."**
>
> *Mateus 5:8*

O limpo de coração verá a Deus – quem nos garante isso é Jesus. Nossa tarefa é deixarmos o coração a cada dia mais limpo, ou seja, temos que retirar de dentro de nós tudo o que possa manchar nossas atitudes e ações.

Deixar o coração limpo é caminhar cada vez mais rapidamente para o entendimento de que somos todos diferentes e que, por isso mesmo, podemos aprender uns com os outros. É retirar de nosso interior toda forma de rancor, ressentimento, mágoa, pois estes nos deixam opacos, sem brilho. Conseguimos retirar essas coisas quando percebemos que não importa o comportamento do outro, e sim nossas ações diante dele.

Toda vez que vemos maldade nas ações das outras pessoas, estamos escurecendo nosso interior, valorizando as sombras ao invés de valorizarmos a luz que já temos. Isso faz com que demoremos mais para iluminar nosso interior, ressaltando, e muito, nosso lado sombrio, o lado do julgamento baseado somente em nossas crenças e pontos de vista, esquecendo que tudo é mais amplo do que nossas convicções possam entender.

Quando nos colocamos de modo receptivo à observação do que acontece no entorno, compreendemos que nem tudo é como pensamos e que existem várias maneiras de ver as coisas que acontecem sem que isso nos cause rejeição ou mal-estar.

Compreendemos que as pessoas têm suas escolhas diante das situações pelas quais passam e que essas escolhas são válidas, principalmente porque não sabemos o que lhes aconteceu anteriormente, seja nesta existência ou em existências passadas.

Isso quer dizer que cada um pode viver como achar melhor, independentemente do que pensamos. Se a pessoa não está ferindo ninguém, não coloca pedras no caminho do próximo, o que temos a ver com a maneira como este ou aquele vive?

Isso vale também para nossa família, pois muitas vezes nos colocamos como fiscais da moral e dos bons costumes, ditando normas sobre isso ou aquilo, e nos esquecemos de que as pessoas têm livre-arbítrio e, portanto, escolhem o que querem viver, cabendo a nós, tão somente, ficarmos por perto caso sejamos necessários em um momento ou outro.

Precisamos tomar cuidado com o tal do efeito espelho, pois vemos as pessoas com a nossa visão, ou seja, medimos os outros pelo que somos; vemos nos outros a nós mesmos, mas precisamos mudar, entendendo que não precisamos transformar acontecimentos inocentes em "pecados", vendo assim a vida com olhos mais bondosos e mais amorosos, facilitando, dessa maneira, a vida de todos os que estão ao nosso lado.

Assim, começamos a entender que somos mais e melhores do que imaginamos, e vamos também vendo as pessoas de outra maneira, mais de acordo com o conhecimento que temos hoje da vida e de suas implicações.

Sabemos que somos o produto de tudo o que vivemos anteriormente, e isso tem a ver com o que escolhemos para nós, afinal, ninguém vive a vida de ninguém e, dessa forma, como avaliar o que o outro sente? Não conseguiremos fazê-lo, por isso temos de ajuizar não somente com a razão, que, à primeira vista, parece soberana e inquestionável, mas que, com o devido amadurecimento, deixa-se modificar e se transformar pelos valores do coração.

O coração é, sem sombra de dúvida, o grande árbitro das grandes e pequenas questões que, muitas vezes, nos desafiam o senso crítico.

Ao usarmos somente a razão, perdemo-nos em considerações que nos marcaram e que, ainda hoje, nos impedem um ajuizamento mais humano, mais próximo aos próximos que fazem parte de nossa vida.

Como julgar somente com a razão quando vemos que todos os erros cometidos por qualquer pessoa poderiam ter sido cometidos por nós mesmos?

Pensar como seria estar no lugar dessa pessoa é instrumento de grande valia para que comecemos a entender o que leva alguém a cometer este ou aquele ato.

Como nos comportaríamos diante da mesma situação? Como faríamos para superar nossas fraquezas? Como olharíamos para nós mesmos quando, consumada a ação, os outros nos olhassem e nos julgassem de acordo com o que viram e sentiram?

Agir com o coração limpo de qualquer prejulgamento nos leva a não generalizarmos as situações, o que nos conduz a retirar de nossa vida os preconceitos.

Preconceito é aquilo que temos dentro de nós e que aplicamos às situações sem valorar os antecedentes, os atenuantes que possam existir. Nesse sentido, entendemos que não podemos ajuizar da mesma maneira absolutamente nada, pois as pessoas são diferentes e agem e reagem de formas diferentes, mostrando que entenderam e responderam de acordo com sua história à lição e às questões que lhe foram apresentadas.

O coração despojado e que entende de maneira mais abrangente os momentos da vida age de maneira melhor, compreendendo os detalhes, as concepções, a maneira de enxergar que cada um tem, pois vê com olhos de amor e compreensão, e isso nos enche o coração de coisas que não são compreendidas somente pela razão.

A razão enxerga apenas um pequeno momento, uma pequena fração do todo que está a nossa frente, enquanto o coração vê além – além das células que compõem o corpo que agiu, ele vê as vidas e circunstâncias vivenciadas pelo espírito milenar que comanda esses bilhões de células em suas ações, derramando todo o conhecimento e emoção armazenados dentro de si, de acordo com a visão que tem hoje.

O coração, expressando-se de maneira mais consistente, faz-nos falar de coisas mais agradáveis em relação a tudo e a todos, pois de nossa boca sairão coisas de um coração cheio de compreensão.

> **"Bem-aventurados os pacificadores, porque eles serão chamados filhos de Deus."**
>
> *Mateus 5:9*

Esta bem-aventurança tem tudo a ver com os momentos pelos quais estamos passando. Vivemos uma época de violência, discriminação, ações preconceituosas, e tudo isso nos leva quase à descrença de que o mundo está melhorando.

Felizmente, o mundo está melhor, sim. Podemos ver isso quando o olhamos por outro viés. Ao deixar de lado as notícias alarmistas, que só destacam as ações do mal, vemos que a maioria da população do planeta se prepara para tempos melhores, e que esses tempos já se fazem presentes entre nós, cumprindo a programação de mudança de patamar planetário, atingindo o Mundo de Regeneração.

A característica dos Mundos de Regeneração, nas palavras de Agostinho, é a observação da lei de Deus. A lei de Deus, de acordo com Jesus, é muito simples: amar a Deus e amar o próximo como a nós mesmos.

Significa que, se não nos adequarmos a isso, não ficaremos por aqui; seremos atraídos, por afinidade, para outro planeta que esteja de acordo com nossa vibração.

O que acontecerá? De maneira simples, temos de perceber que todos nós desencarnaremos um dia; isso é fato, e vale para todos: os violentos e os não violentos.

Os não violentos passarão por um período de adaptação, uma espécie de reciclagem para se adaptarem aos novos tempos, lembrando que, apesar de não serem violentos, ainda têm coisas que precisam ser melhoradas, e isso acontecerá com a introdução de novos comportamentos, que serão exercitados em novas reencarnações.

Os violentos, ao contrário, já estão tendo chance de se mostrarem melhores do que foram em tempos passados, mas não estão conseguindo, o que vai impedir sua permanência por aqui. Eles serão atraídos, como já disse, para planetas que estejam de acordo com sua vibração, ou seja, dentro do nível evolutivo que tenham conquistado. Pergunta-se se sofrerão; se isso não quer dizer que serão castigados, e a resposta é uma só: não. Apenas serão mandados a lugares onde se sentirão melhor, em um ambiente que lhes seja conhecido, e espera-se que aproveitem o estágio para ajudar no progresso dos que lá estão.

Com o passar do tempo, eles também sentirão a necessidade de agir de maneira diferente e o farão, transformando-se em pessoas que buscam a melhora tanto para si como para a população em geral. É a busca do melhor, usando a inteligência para o bem, em um processo de amadurecimento espiritual pelo qual todos nós já passamos ou passaremos.

Entender Jesus é fundamental no momento em que vivemos. Jesus é filho de Deus e nós também; disso não podemos ter dúvidas. Ele percorreu os mesmos passos para chegar onde está, e nós estamos seguindo seus passos. Jesus é pacificador e nós precisamos chegar lá...

Ser pacificador é diferente de ser pacifista. O pacifista não é, necessariamente, pacificador. Ele não comete violências, mas não impede que a violência aconteça. Jesus agiu para que a violência não acontecesse; vemos vários exemplos disso em seu Evangelho.

Ele deu várias demonstrações de alteridade, ou seja, compreendeu que cada um estava no momento em que deveria estar, sem tentar convencer ninguém de que ele era a escolha certa, mas deu todos os exemplos para que, com o tempo, tivéssemos essa percepção.

Caminhou ao lado de todos os que o procuravam, não importando a situação financeira, a posição dentro da sinagoga, o credo político ou a nacionalidade. Simplesmente caminhou e exemplificou, em uma prova de que não importa com quem andamos, o que importa é nosso comportamento, caráter e vontade de fazer a diferença.

Em um gesto que ainda não entendemos com exatidão, perdoou os que o levaram à morte, intercedendo por todos os que ainda não haviam compreendido o porquê de sua passagem entre nós.

A grande questão é que ainda não conseguimos agir dessa maneira e, muitas vezes, sofremos por isso, esquecendo de que tudo é questão de exercício. Não há nada que não precisemos exercitar até que se torne parte de nós. Esse exercício tem que ser feito em todos os momentos de nossa vida, pois tornará possível que, um dia, perdoemos nossos inimigos.

Onde fazer esse exercício?

Em todos os campos de nossa atuação, por intermédio de pequenas atitudes, pois são as pequenas demonstrações de virtude que nos garantirão grandes resultados.

O lar é onde estão os maiores desafios para que nos tornemos pacificadores. Lá encontram-se todas as experiências que pedimos antes de reencarnar. Lá estão nossos afetos e desafetos.

Os afetos conquistados em outras existências nos garantem a sustentação para que não esmoreçamos na conquista de novos amores, pois a família é o meio em que estamos mais próximos de nosso estado natural, sendo mais visíveis.

Nos relacionamentos fora do lar, ainda conseguimos disfarçar, utilizando um verniz social que nos mostra melhores do que somos, mas, no lar, esse verniz é retirado e nos mostramos em nossos piores momentos.

Se fora do lar conseguimos nos colocar com esse verniz, por que não conseguimos fazê-lo dentro dele?

Pelas lembranças que trazemos e por acharmos que em casa podemos fazer tudo o que nos passa pela cabeça, em um engano lastimável e que nos fará perder grandes oportunidades de converter velhos desafetos em afetos.

O exercício do companheirismo, da fraternidade, da solidariedade, da alteridade dentro do lar nos proporciona condições de mudança interior, que nos fará ver que temos o que pedimos e que precisamos nos esforçar para os planos que fizemos surtirem efeito favorável em nossa vida.

Outro campo de atuação importante é o trabalho, pois é nele que passamos a maior parte do dia.

Quantas oportunidades de novos relacionamentos aparecem em nossa vida dentro de uma empresa? Quantas pessoas nos oferecem condições para efetivarmos mudanças importantes em nossa vida? Isso tudo tem de ser bem trabalhado!

O exercício nesses dois campos de atuação nos faz crescer em direção à paz interior, garantindo que, com o tempo, ela se transforme em paz exterior. Asseguram-se assim bons relacionamentos, que formarão novos laços de amizade e de amor pela eternidade.

Isso tudo dá trabalho, mas o que não dá? Portanto, mãos à obra na transformação de nós mesmos.

> **"Bem-aventurados os que sofrem perseguição por causa da justiça, porque deles é o reino dos céus."**
>
> *Mateus 5:10*

Nesta bem-aventurança, Jesus nos fala sobre a justiça dos homens, sempre cheia de contradições, pois somos parciais por natureza. Essa parcialidade nos faz perseguir os inimigos e enaltecer os amigos, daí nosso julgamento sempre ser tendencioso.

A justiça dos homens não julga a intenção, mas sim os resultados de determinadas ações que tomamos, o que, de certa forma, nos favorece, pois, mesmo que tenhamos tido a intenção de prejudicar alguém, mas não o fizemos, estamos livres de condenação.

Em compensação, muitas vezes, não temos chance de defesa, pois somos julgados de modo dissimulado, sem que se considerem os motivos que nos fizeram cometer este ou aquele ato, tirando-nos, assim, a possibilidade de nos defendermos ou explicarmos nosso procedimento.

A justiça divina, no entanto, é diferente, pois ela não nos condena, mas nos oferece oportunidades para reparar atos que, porventura, tenham prejudicado alguém. Nessa reparação, são levados em conta todos os aspectos envolvidos, todos os prós e contras, todos os agravantes e atenuantes.

Todas essas indicações de Jesus têm de ser acompanhadas de nossa mudança, pois sem ela não conseguiremos ver o que está acontecendo em nossa vida. Para tanto, temos de prestar atenção no que Jesus disse aos seus discípulos em relação à mudança de comportamento que deveriam ter dali para frente.

Entendamos que tudo o que Jesus disse quando aqui esteve foi para nós também: primeiro porque muitos de nós estavam lá, ouvindo embora sem entender nada, mas o tempo foi nos desanuviando o pensamento e hoje, modificados, colocamo-nos com mais facilidade diante dessas dicas para nosso avanço espiritual e felicidade.

Essas mesmas palavras valem para toda a humanidade, em todos os tempos, pois, como nos disse Pedro, as palavras de Jesus são palavras de vida eterna, e todos podemos nos colocar como bons ouvintes e melhores agentes.

Características do verdadeiro discípulo

"[...] Mas aquele que faz o bem sem segunda intenção, pelo prazer único de ser agradável a Deus e ao seu próximo sofredor, já se encontra num grau de adiantamento que lhe permitirá chegar mais rapidamente à felicidade do que o seu irmão que, mais positivo, faz o bem por cálculo e não pelo impulso natural do coração".

O Livro dos Espíritos – Questão 897-A

As bem-aventuranças oferecem caminhos que nos favorecem a felicidade e, além disso, nos dão sustentação para que entendamos outras palavras de Jesus que, sem a devida compreensão, seriam praticamente vazias.

É por isso que Jesus nos deixou uma série de indicações para que, junto com a certeza das bem-aventuranças, tenhamos atitudes que nos garantirão a felicidade em qualquer situação.

Essas observações de Jesus falam do comportamento que os verdadeiros discípulos dele têm que adotar como norma de vida, por intermédio de atitudes que estejam de acordo com o ensinamento contido nas bem-aventuranças.

A seguir, vejamos o que é dito no capítulo 5:13.

> "Vós sois o sal da terra; e se o sal for insípido, com que se há de salgar? Para nada mais presta senão para se lançar fora, e ser pisado pelos homens."
>
> *Mateus 5:13*

Jesus usa expressões de fácil compreensão para que todos, os de ontem e os de hoje, possam assimilar os ensinamentos, pois não adiantaria nada um monte de palavras que se perdessem no vazio da não compreensão.

Ele utiliza os elementos mais próximos daqueles homens de natureza rude, habituados às tarefas em campos, montanhas, mares, lagos, enfim. Isso tudo para facilitar a compreensão e mostrar o que nós, que desejamos nos transformar em pessoas melhores, precisamos fazer para isso se tornar realidade.

Alguém já se perguntou como foi possível a realização das grandes navegações, em busca de novos mundos, no século XVI? Como conservavam os alimentos necessários enquanto passavam tanto tempo viajando?

Ora, a resposta é uma só: os alimentos eram conservados em sal, pois o sal garantia a qualidade por muito tempo, facilitando a vida de todos. Além de conservar os alimentos, ainda dava sabor... Todos nós sabemos que o sabor é fator de prazer para quem está se alimentando; é importante que gostemos do que estamos comendo.

O sal faz isso tudo, e temos de ter as mesmas qualidades dele: oferecer sabor novo dentro de nossas falas em relação ao Cristo e à vida que ele nos oferece, pois como poderemos falar da alegria do Evangelho se não mostrarmos, por nossas expressões e atitudes, que essa alegria, de fato, está em nossa vida? Fica meio sem sentido... Que alegria é essa que nos impede de mostrar o bem que nos faz?

Por isso, se quisermos ser discípulos de Jesus, temos de deixar de lado reações que não condizem com nossa situação em relação ao planeta Terra, pois em um planeta de Provas e Expiações o que mais ocorre são momentos nos quais demonstramos que, apesar de todas as adversidades da vida, ainda temos forças para superá-las, utilizando as alegrias que os ensinamentos de Jesus nos proporcionam e que o espiritismo veio reforçar.

Sabedores de que tudo na vida passa, fica meio difícil não entender que os males que nos afligem também passarão, e que os bons momentos logo estarão de volta, para que nos lembremos dos momentos difíceis apenas como provas superadas ou expiações que ficaram para trás, graças à confiança, à alegria e às nossas boas atitudes em relação a eles.

Em Mateus 5:14-16, mostra-se a importância do conhecimento adquirido e das ações de acordo com esse conhecimento. Vejamos a seguir um pouco mais a esse respeito.

> "Vós sois a luz do mundo; não se pode esconder uma cidade edificada sobre um monte; nem se acende a candeia e se coloca debaixo do alqueire, mas no velador, e dá luz a todos que estão na casa. Assim resplandeça a vossa luz diante dos homens, para que vejam as vossas boas obras e glorifiquem a vosso Pai, que está nos céus."
>
> *Mateus 5:14-16*

O conhecimento é importantíssimo para a individualidade, que se completa pouco a pouco, e também para a humanidade, pois é por intermédio do conhecimento de todos que avançamos para o coletivo, em uma jornada solidária e constante.

Por isso Jesus compara o conhecimento à luz e nos diz que não adianta escondê-la, porque, quando o fazemos, tiramos seu atributo: iluminar os caminhos, os ambientes, o nosso interior.

Podemos caminhar pelas duas vertentes, pelas duas asas de evolução que temos: o amor e a razão.

Kardec nos diz que, se a ciência avançar e nos mostrar coisas que o espiritismo ainda não descobriu, devemos ficar com a ciência, pois a razão é muito mais importante que as crenças que tenhamos, fundamentadas em dados que, talvez, não sejam tão reais quanto pensamos.

Dessa forma, ele nos mostra que devemos procurar a razão para compreender as coisas de Deus, assim como devemos procurar as coisas de Deus para melhorar nossos sentimentos em relação à humanidade e a nós próprios. Só que esse discurso tem um objetivo ainda maior: fazer com que nós, que já temos um conhecimento científico e moral muito elevado, conscientizemo-nos de que é necessário, mais do que conhecer, praticar o que já sabemos.

Não podemos simplesmente nos contentar em saber; temos que, obrigatoriamente, caminhar de acordo com o que já sabemos, com o que já conseguimos colocar em nossos corações e mentes em relação a Deus e à humanidade.

Nossa luz deverá guiar nossos passos; nosso conhecimento tem de nos nortear rumo à superação de superstições, de ideias que não condizem com a maneira como Deus cria e conserva Sua criação.

Jesus nos mostra, em palavras simples e diretas, que temos de ser o que sabemos hoje e mudar a cada nova aquisição de conhecimento. Isso é líquido e certo, pois não é possível que alguém que já tenha interiorizado as palavras de Jesus; que já tenha atingido certo grau de conhecimento sobre as coisas divinas e terrenas, e não se esforce para que esse conhecimento se incorpore às suas atitudes do dia a dia.

Fazer nossa luz brilhar é, praticamente, automático. Fazemos brilhar uma pequena luz e, para aumentá-la, temos de colocar em prática os conhecimentos que vamos adquirindo, de maneira constante e firme, para que possamos, cada vez em menos tempo, conquistar posições mais elevadas em relação a nós mesmos dentro da caminhada evolutiva. Lembremo-nos de nossa destinação final: a perfeição.

Somos filhos de Deus, e a única maneira que temos para demonstrar isso é entender que Deus é luz e que nós, seus filhos, temos de brilhar também, para poder mostrar a todos os que nos rodeiam que sabemos quem é nosso Pai; que nos sentimos felizes em demonstrar que essa paternidade é nosso maior tesouro; e que, um dia, estaremos pertinho Dele, mostrando em detalhes todas as nossas conquistas.

Ser o sal da terra, fazer brilhar nossa luz levam-nos, quase automaticamente, a sermos cumpridores da Lei, pois Jesus nos disse que ele não veio derrogar a Lei, mas cumpri-la.

A lei a que se refere Jesus é, nada mais nada menos, que a Lei do Amor, a grande lei que governa todo o universo, visto que estamos imersos no imenso amor de Deus e, por isso, não conseguiremos escapar à sua magnitude, devendo, na medida do possível, fazê-la permanente em nossa vida. Para tal, Jesus nos dá alguns conselhos que, com certeza, farão nosso caminho mais feliz.

Em Mateus, capítulo 5, versículo 20, ele nos pede que façamos melhor do que fazíamos naquele tempo. Vejamos a seguir mais a respeito.

> **"Porque vos digo que, se a vossa justiça não exceder a dos escribas e fariseus, de modo nenhum entrareis no reino dos céus."**
>
> *Mateus 5:20*

Essa proposta escandalizou os donos do poder e deixou os apóstolos meio atordoados com toda a certeza.

Era tudo o que eles sabiam até aquele momento; não havia nada que dissesse que eles estavam errados. As coisas públicas eram tratadas como se fossem privadas; não havia o menor esforço em fazer com que a justiça fosse rápida e resolvesse os problemas de quem os tinha.

A grande lei levada em consideração era, simplesmente, a do olho por olho, dente por dente – uma história que se repetia em moto contínuo, porque não incluía o grande ingrediente que Jesus nos trouxe: o amor.

A partir desse momento, era preciso mudar nossa justiça, entender que os iguais devem ser tratados de maneira igual, e os diferentes, de modo diferente. Essa é a grande Lei da Isonomia, que, até hoje, ainda temos dificuldade para aplicar, haja vista os empecilhos que colocamos para inclusão dos diferentes, mesmo em questões educacionais, por intermédio da rede pública de ensino. Isso tem melhorado, mas vejam que Jesus, o grande Mestre de nossa caminhada, já nos alertava a respeito no início de sua caminhada pública pelo planeta.

O que isso quer dizer? Que temos de mudar a maneira como vemos o próximo, simplesmente.

Com o conhecimento que temos acumulado ao longo destes vinte séculos, chegamos a uma época em que já não mais podemos tratar as coisas como tratávamos. Precisamos mudar o modo como entendemos a justiça, como entendemos as diferenças sociais, como entendemos as diferenças culturais, como entendemos as diferenças étnicas... ou seja, é necessário lançar um novo olhar para o ser humano, tratando-o como ser integral, pois a justiça que se aplica a um ato é diferente da justiça que se aplica a quem comete o ato. Devemos entender que a justiça tem de ser feita, sim, mas precisamos oferecer oportunidades de recuperação para que todos possam continuar caminhando em novas bases. E, mais ainda, temos de cumprir a lei em toda a sua magnitude, a começar pelas leis que nos governam e nos fazem ter possibilidades maiores de convivência sadia, pois sem respeitá-las transformaremos o lugar onde estamos em "cada um por si e Deus contra todos", levando-nos de volta ao passado, ao dente por dente, olho por olho.

Claro que ainda não respeitamos a lei como deveríamos, mas temos de nos esforçar e fazer com que nossas atitudes mudem de acordo com o conhecimento que estamos acumulando, ou seja, não adianta muito reunir tanto conhecimento sem o respectivo exercício para que ele nos transforme em pessoas melhores e mais de acordo com o que nos intitulamos: cristãos.

Relacionamentos humanos

"A misericórdia é o complemento da mansuetude, pois os que não são misericordiosos também não são mansos e pacíficos. Ela consiste no esquecimento e no perdão das ofensas. O ódio e o rancor denotam uma alma sem elevação e sem grandeza. O esquecimento das ofensas é próprio das almas elevadas, que pairam acima do mal que lhe quiseram fazer. Uma está sempre inquieta, é de uma sensibilidade sombria e amargurada. A outra é calma, cheia de mansuetude e caridade."

O Evangelho segundo o Espiritismo
– Capítulo 10 – Item 4

> "Concilia-te depressa com o teu adversário, enquanto estás no caminho com ele, para que não aconteça que o adversário te entregue ao juiz, e o juiz te entregue ao oficial, e te encerrem na prisão."
>
> *Mateus 5:25*

Jesus é impressionante na transmissão de conhecimentos que, para a época em que viveu, surpreendia a todos.

Difícil imaginar que qualquer um de nós, em sã consciência, vá, espontaneamente, procurar o adversário para que ocorra a reconciliação. Para que isso aconteça, precisamos deixar de lado o orgulho, e isso é bem difícil.

Jesus nos diz que, se não fizermos isso, poderemos ser condenados, e nos explica de que forma: seremos entregues ao juiz e depois ao oficial para, finalmente, sermos encerrados em uma prisão.

Todos imaginam que isso não vai acontecer, pois ninguém nos levará a barra da justiça por pequenas questões, mas no entanto isso ocorrerá.

A grande figura da justiça, do juiz, da prisão, nada mais é do que a nossa consciência, diferentemente do que muitos imaginam. Ela se torna implacável à medida que vamos nos modificando e transformando nossos pensamentos e ações.

Não pode ser Deus, pois Sua imensa bondade e justiça criam mecanismos para que possamos, por nós mesmos, saldar os compromissos e colocar a vida em ordem.

Ao invés de nos colocarmos como vítimas de alguma coisa, comecemos a perceber que os grandes algozes somos nós mesmos, por deixarmos que pequenas coisas despertem em nós o que pensávamos estar adormecido.

É a ira que aparece quando somos contrariados; é o rancor que vem à tona quando nos lembramos de cenas em que nos maltrataram; é o ódio que nos assoma no dia a dia quando nos vemos em situações em que fomos espezinhados.

No entanto, Jesus nos pede que nos reconciliemos enquanto estamos com nossos desafetos no caminho.

Ficamos imaginando um caminho de felicidade e, de repente, o caminho se transforma em sombra, em amargor, em desilusão à menor referência que tenhamos de coisas que nos aconteceram. Nesse caso, não há felicidade que aguente. Para que a felicidade aconteça em nossa vida, precisamos tomar a iniciativa de buscar os desafetos e oferecer-lhes a possibilidade de se arrependerem.

Importante notar que agir dessa forma não é apenas um comportamento ligado à religião; Jesus, além de religião, mostrava-nos, já há dois mil anos, o que os especialistas começaram a nos mostrar há pouco tempo. Fred Luskin, em seu livro *O Poder Terapêutico do Perdão*, fala-nos de coisas muito semelhantes; uma delas é que os rancores não resolvidos são como aviões que não pousam e ficam girando sobre nossa cabeça. Isso quer dizer que, volta e meia, estamos com os desafetos no pensamento e, dessa forma, ligamo-nos a uma cadeia imensa de pensamentos de rancor, ódio, ressentimentos, causando um mal tão grande a nós mesmos que o corpo se ressente, e passamos a nos sentir doentes, pois somatizamos as emoções.

Esse é o resultado que conseguimos por não cuidar dos pensamentos, fazendo com que nossa energia seja despendida em coisas que só nos fazem mal.

O autor nos diz que a reconciliação é o pouso do avião, pois nos traz uma sensação de alívio impressionante.

Outra coisa que também devemos levar em consideração é o fato – importantíssimo – de sermos imortais. O espírito que somos não morre, simplesmente desencarna, deixando para trás o invólucro que nos serviu durante a reencarnação.

Esse é um dos motivos que nos garantem a necessidade da reconciliação, pois, mais dia, menos dia, encontraremos nossos desafetos, seja do lado de lá ou em encarnação posterior. Uma vez que tudo terá de ser acertado, não poderemos levar débitos com quem quer que seja. Se os desafetos forem antes de nós, ainda corremos o risco de sermos afetados por obsessões, causadas por nós mesmos, pois os laços de ódio nos ligam a eles, fazendo com que, por sintonia, fiquem próximos de nós. Ainda mais contundente é o fato de que não os veremos, apenas sentiremos uma presença que não poderemos identificar prontamente, tendo a princípio apenas a sensação de alguém junto a nós.

A reconciliação acaba com tudo isso e nos faz economizar tempo de caminhada, pois os problemas de relacionamentos que temos com este ou aquele, quando solucionados, libertam-nos dessas amarras que atrasam os nossos passos.

Portanto, para que andemos mais rápido e não compliquemos nossa existência, façamos as pazes com os nossos desafetos, facilitando assim a vida de todos. Isso só acontecerá se, de coração limpo, colocarmo-nos frente a frente conosco e nos despojarmos das grandes mágoas que carregamos.

Só conseguiremos nos livrar disso tudo quando compreendermos que o próximo, assim como nós, é passível de erros e acertos, e que, ao tomarmos a iniciativa da reconciliação, colocamo-nos à disposição de nossa consciência para que, avaliando nossas atitudes, libertemo-nos desse jugo e, assim, caminhemos mais leves, livres das amarras que nos prendiam os passos, muitas vezes vacilantes, pois ainda não tínhamos a compreensão de que o grande e único poder do universo é o amor.

> "Ouvistes que foi dito aos antigos: Não cometerás adultério. Eu, porém, vos digo que, qualquer que atentar numa mulher para a cobiçar, já em seu coração cometeu adultério com ela."
>
> *Mateus 5:27-28*

Nesta passagem do Sermão da Montanha, Jesus nos mostra o valor e a força do pensamento.

Ele vai além do que se pedia para a época, pois aos doutores da lei e aos fariseus a palavra bastava, sendo o ato era necessário; mas para Jesus, não. O pensamento é o grande agente idealizador de tudo o que queremos para a nossa vida, inclusive em termos afetivos.

Todos nos lembramos do episódio da mulher adúltera, do julgamento a que foi submetida, da aplicação da pena que ia ser feita. Jesus não só a libertou com uma frase exemplar como também aplicou o conceito de ação e reação.

Não necessitamos julgar nem sermos julgados; basta apenas que atentemos com cuidado para a nossa consciência, a grande balizadora que nos acompanha por toda a vida. Cada vez mais eficiente e mais completa, nos mostra tudo o que precisamos fazer e, caso queiramos, oferece-nos um grande salto espiritual.

Jesus, portanto, vai além das palavras; ele pega a coisa toda no início, no pensamento.

Não se trata de traição a este ou aquele, a esta ou aquela, mas sim de comportamento de vida em relação às nossas atitudes.

Quando adulteramos, estamos enganando alguém, e isso nos será cobrado. E, quando pensamos em adulterar, já estamos idealizando o ato ilícito. Portanto, em nossas relações, sejam elas amorosas, comerciais ou de amizade, devemos tomar muito cuidado com o que pensamos para não cometer deslizes dos quais nos arrependeremos mais cedo ou mais tarde.

Em relação ao divórcio propriamente dito, Jesus pediu que, ao se separarem, o casal se libertasse juridicamente; que não se colocassem empecilhos para a felicidade do cônjuge, atendendo aos preceitos da lei, ou seja: se não quer mais viver junto, dê carta de divórcio para que a mulher, por exemplo, possa viver de maneira normal, encontrando a felicidade com outro alguém. Muitas vezes, naquela época, isso não acontecia, e a mulher ficava impedida de ser feliz, às vezes até se prostituindo, e não raro se isolando da sociedade, que tanto a maltratava.

Isso aconteceu em muitos países, mesmo depois de Jesus nos ter dito tais palavras, pois as ideias do Cristo foram, muitas vezes, adaptadas para que os privilégios não se extinguissem, como no caso do Brasil, onde o divórcio foi substituído pelo desquite – uma forma desumana de dizer que o erro não tem reparação. Com muita luta e dedicação, o senador Nelson

Carneiro dedicou a vida a mudar essa lei, que impedia a felicidade das pessoas depois de um casamento infeliz, desfeito pelo desamor e pela violência.

A Igreja Católica, a grande responsável pela não aplicação do divórcio em países onde mantém o poder religioso e político, ainda hoje é manifestamente contra essa instituição jurídica, mantendo-se longe das palavras do Cristo e mantendo casais formados por outros casamentos afastados do benefício espiritual que a religião oferece.

Em *O Evangelho segundo o Espiritismo*, vemos no Item 5 do Capítulo XXII a grande constatação de que "o divórcio é lei humana que tem por objeto separar legalmente o que, de fato, está separado. Não é contrário à lei de Deus, pois que apenas reforma o que os homens hão feito e só é aplicável nos casos em que não se levou em conta a lei divina". A lei divina, como sabemos, é a Lei do Amor.

Portanto, atendamos as palavras de Jesus e entendamos o casamento, no planeta Terra, como sendo uma união para que nos harmonizemos e continuemos a caminhada, percebendo assim que aceitar a separação com naturalidade e compreensão é mais humano, mais caridoso e mais moralizador do que forçar as pessoas a viverem uma situação que, pela falta de amor, nunca será efetivamente de realização pessoal e jamais trará a felicidade que todos merecemos.

Particularmente nós, espíritas, devemos compreender nossos irmãos que optaram pela separação, porque não sabemos quais motivos tiveram para isso; não sabemos como a vida a dois era encarada; não sabemos quais obstáculos apareceram e quanto sofrimento suportaram antes de tomar essa decisão.

Apesar disso tudo, procuremos entender o matrimônio como uma sociedade constituída por dois seres antes mesmo da reencarnação, cujos motivos não sabemos e que, por isso mesmo, nos exigirá muito empenho, pois os compromissos assumidos por nós, em qualquer fase da vida, terão de ser cumpridos, mais dia, menos dia, e, sendo assim, um reencontro será necessário a todos os que não conseguiram levar a bom termo o casamento.

Claro que temos agravantes e atenuantes, e que cada caso é um caso.

> "Outrossim, ouvistes que foi dito aos antigos: Não perjurarás, mas cumprirás os teus juramentos ao Senhor. Eu, porém, vos digo que de maneira nenhuma jureis; nem pelo céu, porque é o trono de Deus; nem pela terra, porque é o escabelo de seus pés; nem por Jerusalém, porque é a cidade do grande Rei; nem jurarás pela tua cabeça, porque não podes tornar um cabelo branco ou preto. Seja, porém, o vosso falar: Sim, sim. Não, não; porque o que passa disto é de procedência maligna."
>
> *Mateus 5:33-37*

Tanto nos tempos de Jesus como nos de hoje, é comum que juremos por Deus para garantir que estamos falando a verdade; que estamos certos de nossas convicções e assim por diante, mas vejam que Jesus nos diz que não devemos jurar, simplesmente.

Jurar por Deus é prova de imaturidade e de orgulho, pois nos colocamos avalizados pelo Criador, mostrando que somos diferentes das outras pessoas e que merecemos um olhar especial de Deus. Ora, ele nos criou iguais, e isso quer dizer que, quando se trata Dele, tratamentos diferentes estão fora de questão.

O que ele faz, para todos, é oferecer as condições necessárias para que nosso caminho seja mais feliz, de acordo com nossas escolhas. O resto é presunção nossa por nos acharmos escolhidos, por isso o chamamos de maneira desnecessária.

E mais: não sabemos se vamos ter condições de cumprir nosso juramento, pois não temos como ver o futuro; não sabemos o que nos acontecerá daqui a pouco e, portanto, estamos sujeitos à vontade divina, essa sim soberana.

Em vez de juramentos, devemos ter uma postura digna em todos os momentos da vida, o que, por si só, é garantia suficiente para que as pessoas confiem e nos vejam com bons olhos.

Nossa sinceridade em relação ao que falamos e fazemos é nosso maior aval e garantia de nossas palavras em todos os sentidos. E não devemos falar muito, pois palavras não têm poder maior do que nossas ações. Não adianta um rosário de palavras sem as ações correspondentes.

Isso nós vemos em Jesus, que falava, sim, mas exemplificava o que dizia, mostrando caminhos que, até hoje, ainda temos dificuldade em seguir, daí nos perdermos em juramentos sem sentido.

Isso se chama assertividade: poucas palavras, muito conteúdo e vontade de realizar o que nos propomos a fazer.

"Ouvistes que foi dito: Amarás o teu próximo, e odiarás o teu inimigo. Eu, porém, vos digo: Amai a vossos inimigos, bendizei os que vos maldizem, fazei bem aos que vos odeiam, e orai pelos que vos maltratam e vos perseguem; para que sejais filhos do vosso Pai que está nos céus; porque faz que o seu sol se levante sobre maus e bons, e a chuva desça sobre justos e injustos. Pois, se amardes os que vos amam, que galardão tereis? Não fazem os publicanos também o mesmo? E, se saudardes unicamente os vossos irmãos, que fazeis de mais? Não fazem os publicanos também assim? Sede vós pois perfeitos, como é perfeito o vosso Pai que está nos céus."

Mateus 5:43-48

Quando Jesus esteve entre nós, encontrou uma situação de barbárie, ou seja, irmãos lutando contra irmãos e uma série de divisões, políticas, sociais e de relacionamentos. Isso se percebe entre os próprios apóstolos, que, como quaisquer pessoas, também tinham seus posicionamentos em relação a Roma e ao próprio estado hebreu.

Por causa de tantas divisões, o que imperava era o Código de Talião, ou seja, o olho por olho, dente por dente.

Jesus veio para acabar com tudo isso e nos mostrou que, além de amar o próximo, temos que amar, também, os nossos inimigos, algo inimaginável para a época. Como seria possível amar o inimigo? A ideia de amor que havia nesse tempo era diferente da de hoje.

Claro que não conseguiremos amar os inimigos da mesma forma como amamos os amigos, e isso é compreensível, mas também é compreensível que devamos nos esforçar para deixar de lado o rancor, as mágoas e os ressentimentos que nutrimos por pessoas que, de alguma maneira, nos tenham magoado.

Esse caminho nos leva a uma dúvida: como evoluir deixando para trás rastros tão indesejáveis em nossa caminhada?

A resposta é uma só: temos que acabar com esses motivos de atraso em nossa vida, e só conseguiremos isso melhorando a maneira como vemos as pessoas que estão à nossa volta, compreendendo o modo de ser de cada um e, principalmente, respeitando as diferenças que existem entre todos nós.

Em vez de pensarmos que somos obrigados a amar os inimigos, vamos imaginar que podemos transformar inimigos em amigos simplesmente mudando em relação a eles.

Claro que o tratamento dado a eles não será o mesmo que o oferecido aos amigos, mas podemos ser educados e buscar perceber que todos nós temos dificuldades em algumas coisas com relação a nosso comportamento. Entendendo que poderemos praticar os mesmos atos que nossos desafetos cometeram contra nós, vamos observando que se trata, apenas, de uma má escolha e que nós, no lugar deles, talvez fizéssemos as mesmas coisas.

Se conseguirmos caminhar ao lado dos desafetos sem aumentar ainda mais a distância que nos separa, estaremos dando uma oportunidade muito grande a nós mesmos, pois tudo terá de ser resolvido, e quanto antes melhor. Daí a advertência de Jesus para que nos reconciliemos com os desafetos enquanto estamos com eles no caminho. Isso vai simplificar nossa vida, pois não perderemos tempo em relação à encarnação, entendendo que um dia teremos de voltar para a pátria espiritual e, quanto mais leves voltarmos, melhor será para nós.

Portanto, temos de deixar por aqui algumas malas de rancor, ressentimento e ódio, transformadas em novas amizades e novos relacionamentos, melhorados pela compreensão e pela vontade de entendermos nossas diferenças.

É interessante que cheguemos à conclusão de que amar o inimigo tem de ser um ato de querer espontâneo, como nos diz Huberto Rohden em seu livro *O Sermão da Montanha*.

Precisamos querer amar os inimigos, pois, se não o quisermos, fica muito difícil. Consequentemente, isso nos atrasará em relação aos objetivos reencarnatórios e, também, aos objetivos de longo prazo em relação ao nosso aprimoramento interior.

Como chegar à destinação final, à perfeição, se carregamos no coração sentimentos que não estão de acordo com o que queremos alcançar? Fica impossível, pois não tem "jeitinho" espiritual. Temos de melhorar, e nossa melhora é medida de acordo com nossos atos em relação ao que já sabemos. Já temos um conhecimento muito grande sobre o que precisamos fazer para que isso aconteça, ou seja, vamos deixar de lado nosso lado sombra; deixemos brilhar nossa luz e caminhemos ao lado dos desafetos da melhor maneira que conseguirmos, para transformá-los em afetos, entendendo que os maiores beneficiados de nossos gestos de amor sempre somos nós mesmos.

> "Ouvistes que foi dito: Olho por olho, e dente por dente. Eu, porém, vos digo que não resistais ao mau; mas, se qualquer te bater na face direita, oferece-lhe também a outra. E, ao que quiser pleitear contigo, e tirar-te a túnica, larga-lhe também a capa. E, se qualquer te obrigar a caminhar uma milha, vai com ele duas. Dá a quem te pedir, e não te desvies daquele que quiser que lhe emprestes."
>
> *Mateus 5:38-42*

Sobre olho por olho e dente por dente, existe uma frase atribuída a Gandhi que é simplesmente espetacular: "De olho por olho e dente por dente, o mundo acabará cego e banguela".

E é a pura realidade. Se continuarmos pagando tudo com a mesma moeda, não faremos nada além do que nos fazem, contrariando o que Jesus nos pede. Ele nos pede que abandonemos essa maneira de pensar, pois isso nos faz muito mais mal do que ao nosso inimigo.

Em última análise, Jesus nos pede que mostremos nosso lado luz, mesmo que seja pequeno, pois não existem oportunidades melhores de exercício do que quando nos confrontam; quando nos pedem o que temos e o que ainda não temos; quando nos obrigam a caminhar quando nossas forças já estão quase no final.

Jesus nos pede que não deixemos as coisas no pé em que estão, pois isso seria vingança, e essa é a pior atitude que poderíamos tomar. Visto que não estamos dando oportunidade a nós mesmos para fazermos diferente, se continuarmos a fazer as mesmas coisas que sempre fizemos, continuaremos obtendo os mesmos resultados.

Jesus nos mostra que é possível fazer algo mais; mostra-nos que temos dentro de nós reservas suficientes para aguentar um pouco mais, ou seja, não devemos deixar que uma gota d'água faça transbordar o copo das nossas forças. Entendamos que é possível ir além – além de nós mesmos. Para isso, temos de esquecer a vingança e prestar atenção às leis naturais, às leis de Deus.

Uma delas é a de Causa e Efeito, isto é, não há efeito sem causa e, desse modo, estamos passando pelo que precisamos passar ou, pelo menos, recebendo a resposta do universo pelo que a ele oferecemos.

Essa Lei de Ação e Reação nos garante que não precisemos mexer uma única palha em relação aos desafetos, pois tudo o que eles nos fizerem receberão de volta, assim como nós também receberemos o que retribuirmos.

Então, ao contrário de ficar em um movimento de ódio incessante, precisamos mostrar que estamos diferentes e entender que, seja o que for, a justiça está sendo feita, ou será feita. Importante para nós é manter a harmonia interior, deixando que a luz atue sobre nosso lado ainda coberto de sombras e entregando a Deus os resultados que obtivermos.

Mesmo que tenhamos tido prejuízos, morais ou materiais, compreendamos que a vida é nosso maior bem e que, mais cedo ou mais tarde, estaremos investidos de novo do que nos tiraram, seja nossa tranquilidade, fortuna, dignidade ou reputação.

O Pai e nós

"Por que me tentais, hipócritas? Mostrai-me
cá a moeda do censo. E eles lhe
apresentaram um dinheiro. E Jesus lhes
disse: De quem é esta imagem e inscrição?
Responderam-lhe eles: De César.
Então lhes disse Jesus: Pois dai a César o
que é de César, e a Deus o que é de Deus.
E, quando ouviram isto, admiraram-se,
e deixando-o se retiraram."

*O Evangelho segundo o Espiritismo
– Capítulo 11 – Item 5*

> "Guardai-vos de fazer a vossa esmola diante dos homens, para serdes vistos por eles; aliás, não tereis galardão junto de vosso Pai, que está nos céus.
> Quando, pois, deres esmola, não faças tocar trombeta diante de ti, como fazem os hipócritas nas sinagogas e nas ruas, para serem glorificados pelos homens. Em verdade vos digo que já receberam o seu galardão.
> Mas, quando tu deres esmola, não saiba a tua mão esquerda o que faz a tua direita; para que a tua esmola seja dada em secreto; e teu Pai, que vê em secreto, ele mesmo te recompensará publicamente."
>
> *Mateus 6:1-4*

A caridade é silenciosa e operante; não se preocupa com os holofotes da fama ou o retorno do que foi oferecido.

Jesus é muito consistente nesse quesito, pois nos diz claramente que não devemos fazer a caridade por ostentação, e sim para satisfazer necessidade alheia. Agindo dessa forma, sentiremos o retorno de tais atos em benefícios espirituais e morais.

Os fariseus tinham o costume de tocar trombetas cada vez que fossem colocar suas ofertas no gazofilácio, local reservado para receber as moedas oferecidas. Jesus não via mérito algum nisso, pelo contrário, pois chamou a atenção dos discípulos para uma viúva que oferecera uma ninharia. Eles estranharam: como tão pouco poderia ser considerado tanto por Jesus? Ele explicou então que os fariseus ofereciam do que lhes sobrava, enquanto ela oferecera do que poderia lhe faltar. Em relação aos fariseus, aos ricos, aos poderosos, a oferta era praticamente nada, mas, aos olhos de Deus e para sua satisfação pessoal, com certeza a pequena quantidade oferecida era mais do que suficiente para fazer pesar a balança do amor ao próximo a seu favor.

E ela o fez sem alarde, sem precisar provar nada para ninguém, pois a ela somente interessava a satisfação do dever cumprido e de ter colaborado para o bem-estar de alguém que, com certeza, nunca imaginaria que ela o fizera.

Deus não nos esquece e não nos deixa à deriva; tudo o que fazemos, seja de bom ou de mau, é computado para que, ao final de um período, que pode ser o de uma reencarnação, possamos efetuar o balanço de nossas ações e, assim, verificar o saldo conseguido.

O oferecer em segredo é importante para que não sejamos atingidos pela vaidade ou pelo orgulho, muito comuns entre os filantropos que, apesar das grandes quantias despendidas em suas obras, não fazem caridade, pois que a intenção é investir na melhoria de alguma coisa que poderá beneficiar a humanidade ou determinada região.

A filantropia é interessante e boa, mas caridade é algo diferente: tem de vir de nosso interior e não se restringe, tão somente, ao dinheiro que porventura tenhamos oferecido. Ela vai além: pode ser um sorriso, um abraço, uma palavra amiga ou mesmo o silêncio que conforta.

Jesus nos diz que, de maneira silenciosa, Deus nos vê, pois está em todos os lugares e, dessa forma, nos recompensará publicamente, ou seja, mesmo que não queiramos, nossas atitudes aparecerão, seja em forma de felicidade, de tranquilidade, equilíbrio ou amor.

> "E, quando orares, não sejas como os hipócritas; pois se comprazem em orar em pé nas sinagogas, e às esquinas das ruas, para serem vistos pelos homens. Em verdade vos digo que já receberam o seu galardão. Mas tu, quando orares, entra no teu aposento e, fechando a tua porta, ora a teu Pai que está em secreto; e teu Pai, que vê em secreto, te recompensará publicamente. E, orando, não useis de vãs repetições, como os gentios, que pensam que por muito falarem serão ouvidos. Não vos assemelheis, pois, a eles; porque vosso Pai sabe o que vos é necessário, antes de vós lhe pedirdes."
>
> *Mateus 6:5-8*

Jesus é implacável com os fariseus no tocante aos aspectos exteriores da adoração que faziam a Deus. Ele não aceitava as orações em voz alta, não aceitava as repetições das orações, não aceitava que todos tivessem de ouvir o que somente deveria ser ouvido por Deus.

É interessante que continuemos praticamente da mesma maneira, mesmo que se tenham ido quase 2 mil anos... Por que será que continuamos gritando aos céus?

Será que Deus é surdo?

Não. Nós é que temos pouca fé em Deus e em nós mesmos, e ainda precisamos de multiplicadores da nossa voz, para que nos mantenhamos sempre ligados a Ele, como se não tivéssemos entendido que a ligação não é verbal, não é sonora, é racional.

Precisamos entender como Deus age em nosso favor, pois Ele não cria a dependência que criamos em relação aos nossos protegidos; isso é coisa nossa, não de Deus.

Ele nos quer cada vez mais livres – livres das amarras das superstições, livres das amarras dos dogmas, livres das repetições sem conteúdo racional, pois isso não resolve nossa vida.

O que resolve nossa vida, isso sim, são as atitudes que tomamos no dia a dia, pois, como dizem por aí, as mãos que trabalham são mais operosas que as bocas que oram, ou seja, as orações são boas, sim, e devemos fazê-las para que tenhamos essa ligação direta com Deus, mas devemos operar com trabalho e dedicação as mudanças que queremos ver em nossa vida.

Repetir e repetir uma oração em nada modifica nosso interior, pois passa a ser algo mecânico, e transformamos verdadeiras joias do pensamento divino em simples material de fácil consumo, como dizendo "já orei".

A oração deve ser feita de coração e com o máximo de nossa intensidade mental, pois é essa intensidade mental que fará as orações atingirem o lugar ao qual devem chegar, traduzindo nossos anseios em emoções e fazendo com que espíritos amigos nos ajudem ao nos proporcionar os meios para conseguirmos realizar nossas intenções.

Jesus, em sua simplicidade, nos ofereceu um modelo de oração para que entremos em contato com Deus de maneira simples, eficiente e nada demorada.

Nós, que ainda não acreditamos que a simplicidade é a maneira como Deus conduz o universo, teimamos em complicar a vida, criando Pais-Nossos cada vez mais complicados.

O que Jesus realizou em pouquíssimos versículos é, muitas vezes, transformado em verdadeiros tratados de palavras bonitas, repetitivas e que não acrescentam nada à simplicidade e singeleza de uma conversa de pai para filho.

Portanto, amigos e amigas, vamos orar com mais amor no coração e menos palavras na boca, entendendo que, em questão de atingir nossos objetivos, nada melhor que a vontade firme e reta associada às possibilidades reencarnatórias que tivermos.

O Pai-Nosso, como é conhecida a Oração Dominical, é simples, e vamos detalhá-lo aqui para entendermos que o importante não é a quantidade, mas sim a qualidade na maneira como sentimos e enviamos nossas vibrações ao universo.

De modo simples, Jesus nos conta, pouco a pouco, quem é Deus, o que pedir e como Ele nos atende. Vejamos a seguir.

Pai Nosso que estais nos céus, santificado seja o Vosso nome.

Deus é pai e devemos respeitá-lo em todos os momentos da vida, pois tudo no universo revela a presença Dele, de maneira que seu nome está escrito em toda a Criação, desde o pequeno ramo de erva, passando pelos insetos e atingindo as gigantescas dimensões dos astros que se movem no infinito.

É necessário ser cego espiritual para não O reconhecermos, ter um orgulho muito grande para não O glorificar, e ser infinitamente ingratos para não Lhe rendermos graças.

Venha a nós o Teu reino.
Jesus nos diz que o seu reino não é deste mundo e, quando nos diz, por meio da oração, que o reino de Deus venha a nós, mostra-nos que devemos tratar de forma mais espiritualizada esse reino, pois Jesus, espírito puro que é, mora lá e para lá voltará.

Quando percebemos que Jesus pertence a esse mundo divino, entendemos o quanto ainda estamos distantes dele, pois o que nos cabe, neste momento, é um Mundo de Provas e Expiações.

Notemos que já estamos um pouco melhores em vista do que éramos naquele tempo, mas ainda temos um caminho muito longo a percorrer, embora não devamos desanimar; a pior parte do trajeto é justamente nossas andanças por Mundos Primitivos e de Provas e Expiações. Isso se explica pelo nosso desconhecimento das leis de Deus, sendo o cumprimento dessas leis o que nos levará ao Seu reino, aos Mundos Divinos, e vejam só que coisa interessante: Jesus nos garante que o conseguiremos.

Nosso trabalho é entender as leis de Deus, pois hoje já as conhecemos. Esse entendimento é um bocado difícil, pois não se trata apenas de entendimento, e sim do cumprimento, que nos facilitará a caminhada.

Por serem leis cheias de sabedoria, sabedoria essa que ainda foge ao nosso conhecimento, temos muita dificuldade em reconhecer que elas são para o nosso bem.

Essas leis farão nossa felicidade porque trarão o entendimento entre todos; trarão paz e justiça aos habitantes do planeta, estejam eles encarnados ou desencarnados, pois isso pouco importa; o que faz diferença é o que fazemos com essas leis.

Nossa compreensão sobre o que sejam as leis divinas já é um pouco maior do que tempos atrás, e isso nos dá uma esperança muito grande, pois é essa compreensão e sua prática que nos farão permanecer aqui no planeta Terra quando ele for um Mundo de Regeneração.

Os planetas de regeneração nos dão tranquilidade para continuar com mais rapidez a ascensão para mundos mais evoluídos.

O que estamos exercitando neste momento será obrigatório em um planeta de Regeneração, pois nele teremos de obedecer, literalmente, às leis de Deus.

Jesus nos falou sobre os mandamentos mais importantes, e esses mandamentos serão utilíssimos, uma vez que tudo o que fizermos girará em torno disso: amar a Deus, e ao próximo como a nós mesmos.

Compreender e praticar essas leis farão com que, mais dia, menos dia, nos candidatemos a viver em mundos cada vez melhores.

Seja feita a Vossa vontade, assim na terra como nos céus.

Jesus nos pede que coloquemos a vontade de Deus acima da nossa, em um estado de submissão operante, pois podemos mudar nosso destino desde que estejamos em conformidade com Deus; desde que estejamos agindo de maneira ordenada e aproveitando os subsídios que Ele coloca em nossa vida, a fim de que caminhemos mais rapidamente e melhor, cumprindo Suas leis e entendendo que lei divina não muda, não se discute, simplesmente se cumpre, pois sabemos que o Pai quer o melhor para todos nós, em qualquer lugar do universo em que estejamos.

O pão nosso de cada dia dai-nos hoje.

Pedimos o alimento para o corpo físico, pois necessitamos dele para manter as forças que nos movem no dia a dia, e, junto com esse alimento, também aquele para o espírito que somos, entendendo que precisamos nos alimentar espiritualmente.

Para que tudo isso aconteça; para que o alimento chegue até nós, seja ele material ou espiritual, precisamos agir e usar nossa inteligência sem lamentações, compreendendo que Deus provê, mas nós, por intermédio do trabalho honesto, damos vida àquilo de que necessitamos, e é só trabalhando firme e constantemente que garantiremos nosso sustento diário. Devemos entender que não há nada como um dia após o outro, trabalhando e orando para que nossas necessidades sejam atendidas.

Perdoai-nos as nossas dívidas, assim como nós perdoamos aos nossos devedores.

Quando pedimos perdão pelas nossas dívidas, entendemos que são erros que cometemos em ações nem sempre bem pensadas, e Jesus nos diz que isso é possível, sim, mas temos de entender que a recíproca é verdadeira: se quisermos ser perdoados, temos de, obrigatoriamente, perdoar os erros que cometeram conosco, esquecer as ofensas que nos fizeram, perdoar as maledicências proferidas contra nós, as perseguições que nos moveram e, principalmente, entender que todos somos muito iguais em nossas virtudes e defeitos, pois ninguém que esteja em um planeta de Provas e Expiações é santo ou isento de erro.

Não nos deixeis cair em tentação e livrai-nos de todo o mal.

Às vezes queremos que nossa vida se transforme em um mar de rosas; pedimos que as tentações não existam, mas é só pensar no que estamos fazendo por aqui para chegarmos à conclusão de que as tentações são parte integrante de todo o processo de crescimento interior que temos de fazer.

São as tentações que nos fazem avaliar se estamos melhores em relação ao que éramos; avaliar o que aprendemos com as lições que pedimos para esta existência.

A grande virtude não é uma vida sem tentações, mas uma vida em que consigamos superar as tentações do dia a dia que nos aparecem pela frente, nem sempre relacionadas aos abusos do prazer, da gula, do poder e coisas do gênero, mas em relação a tudo o que vivemos – um pacote completo que nos oferece oportunidades diárias de vermos a quantas andamos e como nos comportamos em relação aos eventos do dia a dia.

Assim seja.
Pedimos tudo o que precisamos e, agora, submetemo-nos à vontade de Deus para que nossos desejos se cumpram, mas sempre respeitando a vontade do Pai, pois sabemos que Ele quer nosso bem e, por ser soberanamente justo e bom, nos atenderá no que precisamos e não necessariamente no que gostaríamos.

Vemos que Jesus nos legou um modelo e, dentro dele, podemos colocar nossas palavras, dando mais emoção e simplicidade, de maneira tranquila, na certeza de que seremos atendidos na medida e no peso do pedido.

"Olhai para os lírios do campo, como eles crescem; não trabalham nem fiam. E eu vos digo que nem mesmo Salomão, em toda a sua glória, se vestiu como qualquer deles. Pois, se Deus assim veste a erva do campo, que hoje existe, e amanhã é lançada no forno, não vos vestirá muito mais a vós, homens de pouca fé? Não andeis, pois, inquietos, dizendo: Que comeremos, ou que beberemos, ou com que nos vestiremos? Porque todas estas coisas os gentios procuram. Decerto vosso Pai celestial bem sabe que necessitais de todas estas coisas. Mas, buscai primeiro o reino de Deus, e a sua justiça, e todas estas coisas vos serão acrescentadas. Não vos inquieteis, pois, pelo dia de amanhã, porque o dia de amanhã cuidará de si mesmo. Basta a cada dia o seu mal."

Mateus 6:25-34

Nestes versículos, Jesus nos mostra como tudo é passageiro e como lutamos para conquistar o que passará, embora não nos habituemos a conquistar o que é para sempre.

Preocupamo-nos com o comer e o beber; com as vestimentas que usaremos, e nos esquecemos que essa vida continua para além do material, para além da comida e da bebida, para além das roupas, por melhores que sejam. Esquecemos que o corpo que as veste é muito mais importante, pois sem ele não teríamos as experiências reencarnatórias.

Jesus nos pergunta se conseguiríamos acrescentar altura ao nosso tamanho, e a resposta é um sonoro não. Já chegamos a este planeta praticamente com a estrutura necessária para que a encarnação seja de acordo com o que escolhemos e vamos, de ação em ação, fazendo valer nossa programação.

Quanto às roupas, Jesus nos mostra como Deus é infinitamente generoso com tudo e todos, pois vivemos querendo roupas deste tipo ou daquele, e ele nos mostra a simplicidade de um lírio do campo que, sem fazer o mínimo esforço, veste-se tão ricamente que nem Salomão o supera.

Jesus ainda nos diz que esse tipo de coisa material não pode tomar tanto o nosso tempo, apesar de importante, porque tudo isso os outros também fazem: os que não têm compromisso com o progresso espiritual, os que ainda tratam as pessoas como se fossem coisas, os que ostentam o poder para intimidar, os que têm no dinheiro seu único prazer.

Deus sabe que precisamos das coisas materiais; elas fazem parte do nosso momento evolutivo, mas devemos procurar algo que supere o tempo e o espaço, indicando assim de forma muito clara que a busca das coisas espirituais nos trará, infalivelmente, as coisas materiais, por acréscimo da bondade divina.

Não fosse assim, Jesus não entraria na casa de Zaqueu. Ele era cobrador de impostos dos mais eficientes, chefe de muitos que exerciam a mesma função. Só que Zaqueu sentiu a necessidade de uma mudança e procurou Jesus.

Jesus lhe disse que ficasse tranquilo pois, após as tarefas que tinha de realizar naquele dia, iria jantar com ele. Assim aconteceu.

Ao chegar à casa de Zaqueu, na porta de entrada, Jesus ouviu estas palavras: "Senhor, darei metade da minha fortuna aos pobres e, se prejudiquei alguém em um denário, devolverei quatro".

Jesus respondeu simplesmente: "Esta noite a salvação entrou nesta casa, porque o filho do homem veio buscar e salvar o que estava perdido".

Notaram? Jesus não pediu que Zaqueu se desfizesse de todos os seus bens materiais; isso seria impossível, pois ele precisava daquilo tudo, mas ficou feliz por ter conseguido colocar mais sentimento, mais amor, mais solidariedade, mais fraternidade na vida de uma pessoa que, até então, só ligava para as coisas materiais.

Isso nós também podemos fazer sem nos privar de absolutamente nada que nos seja digno, mas evitando os excessos de toda ordem e percebendo que podemos viver muito bem e, ao mesmo tempo, conviver muito bem com todos.

> **"Não julgueis, para que não sejais julgados. Porque com o juízo com que julgardes sereis julgados, e com a medida com que tiverdes medido vos hão de medir a vós."**
>
> *Mateus 7:1,2*

Jesus se preocupa muito com nossas atitudes durante o dia a dia, pois são essas pequenas coisas que, normalmente, nos atrasam a vida, uma vez que não lhes damos o valor que têm para nossa caminhada. Assim, de pequenas em pequenas más ações, vamos transformando a caminhada em dificuldades e dores.

Os julgamentos estão na ordem do dia em qualquer tempo, pois somos mestres em encontrar defeitos e más atitudes em todos, menos em nós mesmos. Isso quer dizer que precisamos tomar muito cuidado, pois quando julgamos alguém é a nos mesmos que estamos julgando, visto que só conseguimos enxergar no próximo o que temos dentro de nós e, como nos diz Jesus, julgamo-nos com a mesma medida – ou seja: ao apontar os defeitos nas outras pessoas, o que fazemos é mostrar os defeitos que ainda trazemos em nós.

O mais viável, em relação aos julgamentos que fazemos das outras pessoas, é perceber o que elas têm de ruim e tratar da correção desses defeitos não nelas, mas em nós, pois assim evitaremos mal-entendidos e ainda aproveitaremos para mudar algo que tenhamos percebido no outro e que em nós não salta tanto aos nossos olhos.

> "Pedi, e dar-se-vos-á; buscai, e encontrareis; batei, e abrir-se-vos-á. Porque aquele que pede, recebe; e o que busca, encontra; e ao que bate, abrir-se-lhe-á. E qual dentre vós é o homem que, pedindo-lhe pão o seu filho, lhe dará uma pedra? E, pedindo-lhe peixe, lhe dará uma serpente? Se vós, pois, sendo maus, sabeis dar boas coisas aos vossos filhos, quanto mais vosso Pai, que está nos céus, dará bens aos que lhe pedirem?"
>
> *Mateus 7:7-11*

Nestes versículos, conseguimos perceber o cuidado que Jesus tem em fazer de seus discípulos pessoas proativas. Ele ensina que não podemos ficar esperando que as coisas aconteçam, pois a nossa parte ninguém faz pela gente, ou seja, se quisermos alguma coisa, temos de conquistá-la.

Ele nos fala também sobre a humildade ao mencionar que precisamos pedir se quisermos receber, e pedir é uma das coisas que temos mais dificuldade em fazer, pois gostamos de oferecer, em uma demonstração de ostentação, enquanto pedir nos deixa melindrados, como que diante de um fracasso muito grande, quando, em verdade, é um exercício de nos colocarmos com realidade na situação em que estivermos, sem fantasia, sem adornos, sem dourar a pílula.

Além de pedir, podemos buscar, pois estamos buscando nosso ser interior, buscando nossa mudança espiritual, nosso progresso material e, portanto, temos de deixar as facilidades de lado, procurando superar o ponto em que estamos e conquistar novas marcas dentro da caminhada evolutiva.

Em todos os momentos é necessário buscar, e, para isso, precisamos ter muita consistência em relação ao que estamos buscando, sem nos perder em devaneios, que só nos atrasam. Sonhar é bom, mas realizar é melhor ainda.

Jesus nos pede que batamos à porta, porque em algum momento de nossa vida encontraremos alguma porta fechada e não saberemos o motivo.

Portas fechadas não significam fim de linha, mas uma oportunidade para a proatividade, pois tudo o que está fechado é passível de ser aberto quando souberem que há alguém querendo entrar. É simples assim: bater à porta é informar que estamos querendo entrar, que estamos querendo participar do que acontece lá dentro, que o que está lá nos interessa.

O fechamento do trecho bíblico é uma verdadeira pérola: todo aquele que pede, recebe; o que busca, encontra; e a quem bate, abrir-se-lhe-á. Isso quer dizer que não ficamos sem resposta; que tudo o que buscamos será achado, e portas fechadas serão abertas diante de nossas atitudes. Esse é o compromisso de Deus, que nos oferece todos os subsídios de que precisamos para chegarmos à perfeição.

Imaginemos um pai terreno, e logo nos deixaremos invadir pela comparação desse Deus de amor, pois se nós, que somos tão imprecisos no que oferecer aos nossos filhos, conseguimos dar-lhes coisas boas, o que não será capaz de nos dar esse Pai de amor?

Só temos que entender uma coisa importante: Deus nos dá o que necessitamos, e não o que achamos que necessitamos, ou seja, Ele nos dará o que estiver dentro de nossa programação reencarnatória, favorecendo, dessa maneira, nossa evolução, pois não nos oferecerá o que poderia ser danoso ao nosso momento evolutivo.

Esse entendimento nos facilita os pedidos que fizermos e nos faz agradecer por coisas que, em outros tempos, não agradeceríamos, por não compreender o papel que elas têm em nossa vida.

Cuidados durante a reencarnação

"E todos vós que podeis produzir, dai. Dai vosso talento, vossas inspirações, vosso coração, que Deus vos abençoará. Poetas, literatos, que sois lidos pelas pessoas da sociedade, satisfazei o gosto deles, mas que o produto de alguma de vossas obras seja consagrado ao consolo dos infelizes. Pintores, escultores, artistas de todos os gêneros, que vossa inteligência também venha em ajuda dos vossos irmãos, não tereis por isso diminuída a vossa glória e tereis aliviado o sofrimento de muitos."

O Evangelho segundo o Espiritismo – Capítulo 13 – Item 16 – João – Bordeaux – 1861

Nesse mesmo Sermão da Montanha, Jesus nos indica alguns cuidados para que tenhamos uma reencarnação produtiva e segura. Essas informações encontram-se no Capítulo 7.

> "Entrai pela porta estreita; porque larga é a porta, e espaçoso o caminho que conduz à perdição, e muitos são os que entram por ela. E, porque estreita é a porta, e apertado o caminho que leva à vida, e poucos há que a encontrem."
>
> *Mateus 7:13,14*

Essa imagem de porta estreita é muito eloquente, pois nos fala das dificuldades que temos para passar por lugares que são muito menores do que nós mesmos e, por isso, poucos de nós os procuram.

De modo geral, gostamos de lugares espaçosos, onde muitas pessoas possam se divertir e onde haja espaço suficiente para que nos sintamos bem à vontade. É uma imagem que combina muito conosco, porque ainda temos uma bagagem bem grande de coisas não tão boas dentro de nós, daí a dificuldade em poder entrar por portas estreitas.

No entanto, Jesus nos diz que devemos entrar por ela, pela porta estreita, porque ela nos leva à vida, e muito poucos são os que entram por ela – é a imagem de um planeta de Provas e Expiações, onde vamos nos desfazendo de bagagens anteriores, como ódio, rancor, ressentimentos, orgulho, vaidade, egoísmo, bagagens essas que nos atrasam a vida em todos os sentidos. Pela dificuldade que temos em nos desfazer disso tudo, escolhemos sempre as portas mais largas, que nos levam à diversão, aos prazeres, à notoriedade e a tantas coisas mais.

Nossa caminhada começa em portas mais largas, pois o conhecimento que temos não nos permite avaliar a real situação, porém, com nosso desenvolvimento espiritual e intelectual, vamos nos colocando cada vez mais próximos das portas que nos levarão à vida, já que, conforme nos disse Jesus: "eu vim para que tenham vida, e vida em abundância".

Essa vida em abundância pode ser traduzida como uma vida em condições mais favoráveis ao nosso crescimento, quando observamos as bem-aventuranças e as outras dicas que Jesus nos oferece: possuir a pobreza de espírito tão enfatizada por ele; mantermo-nos em posição de humildade; conquistar a mansuetude; sermos misericordiosos, pacíficos e com o coração limpo de mágoas e ressentimentos, ódios e vinganças.

O caminho para a porta estreita passa, também, por entendermos a alteridade como a única maneira de eliminarmos os preconceitos em nossa vida, compreendendo que somos todos filhos do mesmo pai e, por isso mesmo, somos todos iguais.

O esforço que fazemos diariamente para corrigir nossos erros, aprendendo com eles e mostrando o aprendizado na prática, nos fará abandonar o que nos faz mal, e, nesse caso, podemos considerar os vícios de qualquer natureza. Agindo dessa maneira, conseguiremos, de maneira muito eficiente, chegar mais perto, e com mais tranquilidade, da tal porta estreita, que nos conduzirá a caminhos mais felizes e mais próximos do que Jesus nos garantiu ser o reino de Deus.

> "Acautelai-vos, porém, dos falsos profetas, que vêm até vós vestidos como ovelhas, mas, interiormente, são lobos devoradores. Por seus frutos os conhecereis. Porventura colhem-se uvas dos espinheiros, ou figos dos abrolhos? Assim, toda a árvore boa produz bons frutos, e toda a árvore má produz frutos maus. Não pode a árvore boa dar maus frutos; nem a árvore má dar frutos bons. Toda a árvore que não dá bom fruto corta-se e lança-se no fogo. Portanto, pelos seus frutos os conhecereis."
>
> *Mateus 7:15-20*

Jesus é insistente em relação aos falsos profetas, pois ele sabe que, para nos enganar, não é preciso muita coisa.

Ele ainda nos diz com todas as letras que precisamos tomar muito cuidado, pois esses falsos profetas farão tão grandes prodígios e sinais que, se deixarmos, nos enganarão com muita facilidade. Ele os menciona em dois dos quatro sermões que proferiu: no Sermão da Montanha e no Sermão Profético, em que nos mostra como será o final dos tempos, que muitos associam ao fim do mundo – mas que é somente um alerta para os novos tempos vindouros.

Cabe a nós tomarmos esse cuidado, pois Jesus já nos disse o que fazer e, portanto, é preciso cautela para não cairmos nas malhas desses embusteiros. Eles são os profetas do apocalipse; veem destruição em tudo e anunciam o fim do mundo há tanto tempo, que acabaram acreditando que seja verdade, sem conseguir entender o modo como Deus trabalha.

Não é possível que, depois de Jesus nos ter dito que Deus é um Pai de amor, ainda possamos crer que ele seria capaz de uma atrocidade dessas: eliminar 30 bilhões de espíritos, entre encarnados e desencarnados, por um capricho, para mostrar toda a sua força e sua ira em relação à humanidade, que não cumpriu seus desejos.

Ora, isso é não acreditar em Deus, e muito menos em Jesus, seu porta-voz mais notável, pois tudo o que Jesus nos disse ouviu da boca do Pai, e não nos mentiria.

Então, tomemos cuidado, porque os falsos profetas são comuns hoje em dia e estão dos dois lados da vida, oferecendo mensagens de destruição a pessoas desavisadas e que só esperam uma oportunidade para se fazerem notar.

Isso só tem uma finalidade: trazer a intranquilidade ao mundo, para que o trabalho de autodescobrimento, de progresso, de superação seja ofuscado pelo negativismo, pelo medo do sobrenatural, porque é por esse aspecto que eles mantêm o controle sobre tantas mentes sem conhecimento do que seja a vida em seus aspectos mais intrínsecos.

Esse aspecto sobrenatural simplesmente deixa de existir quando nos colocamos à disposição do conhecimento existente, pois já sabemos muito mais do que quando Jesus esteve entre nós, graças ao aparecimento do espiritismo, que iluminou as palavras que pareciam sobrenaturais no Evangelho.

As palavras de Jesus ficam claras quando, ao estudarmos *O Livro dos Espíritos,* compreendemos que ele não poderia deixar muito mais luz do que deixou, uma vez que aqueles que habitavam o planeta à época não o poderiam compreender.

As novas luzes, trazidas pelo espiritismo, foram a chave para a compreensão do intercâmbio entre o lado material e o lado espiritual da vida, desanuviando pontos ainda obscuros e nos fazendo compreender o grande enigma da vida, que não cessa, apenas se transforma e nos oferece, por intermédio das reencarnações, possibilidades de nos transformarmos em um espírito puro.

Quando nos vemos diante de tanta magnitude; quando compreendemos as palavras de Jesus à luz do espiritismo, entendemos que não podemos dar crédito a superstições de qualquer espécie, independentemente de quem as tenha dito, independentemente de onde tenham se baseado.

Fazer a nossa parte, neste momento, é fundamental para que tenhamos sucesso e permaneçamos neste planeta quando a vibração de regeneração tiver tomado conta desta humanidade.

Ao nos depararmos com esses falsos profetas, por mais credibilidade que pareçam ter, lembremo-nos de Kardec e da proposta do espiritismo: passemos pelo crivo da razão o que estamos lendo, o que estamos ouvindo, o que estamos vendo, e, assim, evitaremos os enganos que poderão nos levar a situações de muito embaraço no futuro.

Como fazer isso? Simplesmente pela confrontação das palavras deles com as palavras de Jesus, que não nos disse, em momento algum, que as coisas aconteceriam de um modo fora do comum no universo, e sim sob a tutela das leis naturais, que nada mais são do que as leis de Deus, tendo estas sido expostas em *O Livro dos Espíritos* para que tomássemos conhecimento e aprendêssemos a maneira como Deus trabalha.

> "Nem todo o que me diz: Senhor, Senhor! entrará no reino dos céus, mas aquele que faz a vontade de meu Pai, que está nos céus.
> Muitos me dirão naquele dia: Senhor, Senhor, não profetizamos nós em teu nome? E em teu nome não expulsamos demônios? E em teu nome não fizemos muitas maravilhas? E então lhes direi abertamente: Nunca vos conheci; apartai-vos de mim, vós que praticais a iniquidade."
>
> *Mateus 7:21-23*

Vejam como são as coisas... Enquanto nos preocupamos em rezar, rezar e rezar, Jesus nos diz que nem todos os que oram tanto entrarão no reino dos céus.

Isso se explica pelo momento em que Jesus viveu, uma época na qual as pessoas ostentavam o poder, o saber e o ofertar como se fossem suficientes.

É necessário um pouco mais, dar de nós mesmos, ofertando o aprendizado que as religiões nos oferecem na prática, sem nos deixar levar por modismos nem por demonstrações de falsa caridade, de falsa santidade, ou seja, devemos nos aceitar como somos, aproveitando o aprendizado para modificar o que seja preciso e, dessa forma, colocar-nos cada vez mais perto de nosso próximo.

Fazer a vontade do Pai é exatamente isso: exercitar o amor a Deus e o amor em relação ao próximo. Isso é o que temos a fazer se quisermos ficar por aqui quando este mundo for de regeneração, pois a característica principal de um Mundo de Regeneração é nos colocarmos sob a lei de Deus.

A lei de Deus nada mais é do que o amor – o amor que dedicamos a Deus e o amor que dedicamos ao próximo. Essa tem de ser nossa meta durante a reencarnação presente, pois só assim conseguiremos bons resultados em relação ao que queremos ser.

Das duas, uma conseguimos exercitar muito bem: amar a Deus. Isso porque ele é nosso criador e, querendo ou não, temos esse amor já dentro de nós. Podemos até dizer que os ateus não têm esse amor, mas não é verdade, pois Deus nos cria a todos igualmente e, em decorrência, esse amor também está em nossos irmãos ateus, só que eles ainda não perceberam, contentando-se em pensar que tudo é uma grande obra do acaso, inclusive eles mesmos.

O amor ao próximo é um pouco mais complicado, pois somos todos diferentes e, sendo assim, entendemos o amor de maneiras diferentes, tendo diversas prioridades em relação a ele.

Para algumas pessoas, o amor é mais denso, mais material. Essas pessoas se preocupam em se manter sempre bem, colocando cada vez mais materialidade em sua vida e na da família, pensando ser isso suficiente. Isso também é importante e lícito, pois em um planeta de Provas e Expiações precisamos do que é material para realizarmos as experiências a que nos propusemos anteriormente.

Claro que nem sempre as condições são as que gostaríamos, e eis então o que nos motiva, o que nos faz caminhar, o que nos mostra que podemos viver bem sem termos exatamente o que gostaríamos, se encararmos como um desafio a busca do que achamos que nos seja necessário.

Além da oração, precisamos respeitar todos os que cruzam nosso caminho, não importando se são da mesma religião, da mesma etnia, da mesma classe social, da mesma opção sexual, se têm a mesma cultura, o mesmo estudo, a mesma profissão.

Jesus nos mostrou com exemplos veementes o que é ter respeito para com todos; o que é exercitar a alteridade em todo o seu esplendor, bastando que nos lembremos da Parábola do Bom Samaritano, na qual ele desdenha do poder estabelecido à época, mostrando como as pessoas eram corruptas e cheias de costumes aparentes, simplesmente dizendo "Senhor, Senhor", sem atender às necessidades de alguém que havia sido assaltado e que estava à beira da morte. Tanto o doutor da lei quanto o levita passaram ao largo, alegando compromissos inadiáveis na sinagoga.

Ao contrário deles, Jesus nos mostra a atitude do samaritano – um excluído; o que havia de pior naquela sociedade na opinião dos demais –, fazendo com que, por meio de suas ações, ele se transforme no herói que todos desejamos ser. Ele foi alguém que atendeu ao próximo sem perguntar quem ele era, de onde vinha, para onde ia ou quanto tinha de dinheiro no bolso. Apenas o socorreu, dando-lhe apoio material e espiritual, pois o colocou em seu cavalo para facilitar o transporte até local seguro, cuidou de seus ferimentos de maneira emergencial, para que seu estado não piorasse, e o levou para uma estalagem, onde pediu que cuidassem dele, dando-lhe tudo de que precisasse, sem economizar, deixando ainda dinheiro suficiente para isso. E ainda mais: alertou que, se gastassem mais do que o valor deixado, que não se preocupassem, pois na volta ele ressarciria a diferença.

Isso nos mostra como Jesus foi alguém além de seu tempo, e que devemos nos esforçar para encontrar esses caminhos de felicidade que ele nos mostra a cada passagem de sua vida.

Podemos até não nos acharmos capazes disso tudo, mas ele nos garantiu que o seríamos, mais dia, menos dia, dependendo de nossas atitudes e ações para com o próximo, ao fazermos brilhar nossa luz, mostrando-nos assim como filhos de Deus e iluminando nossa existência. Dessa forma, nos reconheceriam como discípulos dele, e não como rezadores e rezadeiras, que, por tantas palavras proferidas, acreditam estar fazendo a vontade do Pai.

> "Todo aquele, pois, que escuta estas minhas palavras, e as pratica, assemelhá-lo-ei ao homem prudente, que edificou a sua casa sobre a rocha [...]"
>
> *Mateus 7:24-29*

Esse é outro cuidado que devemos ter conosco durante a reencarnação: construir com segurança, em todos os sentidos.

Falando às pessoas da época, Jesus explicava, de acordo com o que eles entendiam, coisas do cotidiano e que fossem concretas, mas, ao trazermos esses ensinamentos para os dias de hoje, temos de tomar cuidado e perceber que as coisas concretas acabam um dia, e as coisas do espírito continuam para todo o sempre, porque nós continuamos para todo o sempre.

Claro que nunca retrocedemos, mas podemos estacionar e, às vezes, em pontos muito obscuros, a partir dos quais não teremos muita chance de continuar a caminhada com passos firmes.

Isso acontece porque não nos damos conta do valor das coisas e, via de regra, negamo-nos a construir valores que possam ser utilizados depois da reencarnação, visto que imaginamos não precisar voltar aqui novamente – um engano que precisa ser desfeito imediatamente.

Não existe uma única religião que diga que o espírito morre; todas mostram a possibilidade de vida após a vida; o que muda é apenas a destinação oferecida.

Para alguns, iremos para o céu, ou para o inferno. Isso torna nossa vida realmente sem sentido, ao imaginarmos que o céu seja algo inatingível, e que teremos de esperar a volta de Jesus para o julgamento final – coisa totalmente desprovida de senso lógico.

Para nós, espíritas, as coisas são mais simples, pois sabemos muito bem para onde iremos depois da vida física, ou seja, para onde nos levar nosso pensamento, o que somos, nossas afinidades, o que criamos em vida.

Se não estivermos bem preparados, nos sentiremos muito mal do lado de lá, por descuidos unicamente nossos, pois deixamos de lado a segurança do "para sempre" pelas mordomias do "agora". Isso nos faz edificar construções sem alicerce, que se desvanecerão em segundos, por termos criado algo material, sem o apoio e a sustentação dos valores espirituais.

A cada chuva, a cada ventania, a cada rio que transborda em nossa vida, nossos sonhos sem a mínima base, sem o mínimo entendimento, nos surpreendem e transformam-se em verdadeiras hecatombes psicológicas, uma vez que não conseguimos compreender como o que nos parecia tão concreto de repente se foi, deixando-nos atordoados.

Construir casas na rocha é entender que os valores materiais se vão um dia e nos deixarão sem a mínima esperança, enquanto os valores espirituais nos garantirão força suficiente para suportarmos os reveses que, muitas vezes, a vida nos oferece, pois os exercícios que escolhemos para esta reencarnação são justamente para nos fortalecer e nos garantir em qualquer situação.

Conclusão

"Não sou feliz! A felicidade não foi feita para mim!, exclama geralmente o homem, em todas as posições sociais. Isto prova, meus caros filhos, melhor que todos os raciocínios possíveis, a verdade desta máxima do Eclesiastes: 'A felicidade não é deste mundo'."

O Evangelho segundo o Espiritismo – *Capítulo 5 – Item 20 – François – Nicolas – Madeleine – Cardeal Morlot, Paris, 1863*

O cardeal Morlot, em sua mensagem em *O Evangelho segundo o Espiritismo*, no Capítulo 5, nos diz que a felicidade não é deste mundo.

Quando lemos esse trecho, que é o mais lembrado por espíritas em todos os quadrantes, percebemos como não estamos preparados para entender a felicidade da maneira como Jesus nos explicou.

Ainda estamos querendo a felicidade das coisas materiais, do dinheiro que nos envaidece, das propriedades que fazem nosso orgulho atingir níveis estratosféricos, do egoísmo que não nos deixa dividir nada com ninguém.

Assim como Jesus, também o cardeal Morlot nos faz esse alerta: entender a felicidade como algo maior, e não como algo que se resume a coisas que os ladrões roubarão e que as traças corroerão.

Se nos fixarmos nesse tipo de felicidade, infelizmente a duração será muito pequena, talvez de uma encarnação, ou menos ainda, pois não sabemos se teremos berço de ouro ou não, assim como também não sabemos se nossa capacidade de gestão será tão boa a ponto de garantir o sustento e as posses materiais para toda a encarnação.

Essa maneira de ser feliz é a mais traiçoeira que poderemos encontrar; ela nos mostra um caminho que poderá nos levar à perdição, ao desânimo, ao sofrimento, pois, quando menos esperamos, o dinheiro some, as propriedades serão arrematadas por outros e nós ficaremos só na saudade, chorando desalentados e culpando Deus e o mundo pela nossa infelicidade.

A sabedoria nos pede cuidado; assim como as coisas ruins passam, também as boas passarão, por isso é necessário que vigiemos e oremos, para que nosso entendimento nos mostre a felicidade nas conquistas espirituais, as quais não perderemos, pois nos pertencem devido ao sacrifício e ao esforço dedicados à conquista.

Nosso aprimoramento espiritual é a grande meta e, para conquistá-la, temos de continuar no caminho que nos foi mostrado por Jesus, sem esmorecimento, sem cansaço, sem dar tréguas e, principalmente, assumindo o controle de nossa caminhada, deixando de reclamar da vida, dos que nos acompanham e dos que nos oferecem oportunidades de crescimento.

Aos que pensam que o caminho é longo demais, penoso demais, basta um breve relance pelo que já caminhamos; basta notar o que já superamos; basta ver como estamos mudados em relação ao início de nossa encarnação.

Desse progresso realizado, conseguiremos projetar o futuro, e nos surpreenderemos com as possibilidades que se abrirão aos nossos olhos em termos de futuro.

Aceitar a nós mesmos, com nossos defeitos e qualidades; continuar caminhando e exercitando o que tivermos de bom é a solução para a contínua mudança para o bem, lembrando que nossa autocrítica é ferramenta para avaliação pessoal e ouvir a consciência é nossa baliza para esse crescimento.

Aos que virão depois de nós, deixemos os exemplos de uma vida reta, pautada por bons atos seguidos e deixados, mostrando que tudo nos é válido e necessário, mas que o essencial vai além de quatro paredes, de quatro pneus, da conta bancária com saldo positivo; vai pela eternidade, em um crescendo gigantesco de amor em nome do Pai.

Bibliografia

BÍBLIA SAGRADA – Nova Versão Internacional. São Paulo: Sociedade Bíblica Internacional, 1993/2000.

KARDEC, Allan. *O Livro dos Espíritos*. São Paulo: Edicel, falta ano.

_____. *O Livro dos Médiuns*. São Paulo: Lake, 1998.

_____. *O Evangelho segundo o Espiritismo*. São Paulo: Edicel, falta ano.

RIGONATTI, Eliseu. *O Evangelho dos Humildes*. São Paulo: Pensamento, 1996/1997.

ROHDEN, Huberto. *O Sermão da Montanha*. São Paulo: Martin Claret, 1997.

Um bate-papo sincero e verdadeiro sobre diversos temas

Nada escapa à curiosidade dessas crianças!

Temas delicados, como sofrimento, suicídio, espiritismo e reencarnação, são tratados de uma forma bastante diferenciada nesta obra de Manolo Quesada. Por meio de perguntas e respostas, no melhor tom de bate-papo, o autor responde às perguntas e inquietações de suas netas, garotas muito curiosas e antenadas com as novidades do dia a dia.

Sucesso da Petit Editora!

A felicidade não é um destino, mas um caminho.

Um verdadeiro convite para estarmos abertos aos momentos oportunos que a vida nos oferece

Apoiado em conhecidos textos bíblicos, significativas passagens das obras básicas de Allan Kardec e pensadores em geral, o autor convida a todos a ter uma postura de reflexão e mudança perante sua existência terrena. O objetivo é um só: progredir, melhorar e evoluir.

Sucesso da Petit Editora!

Os mistérios que rondam os dois lados da vida...

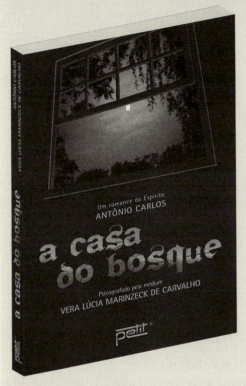

Vultos sombrios, uma casa assombrada e um segredo...

Distante da cidade, a casa do bosque esconde um estranho segredo. Seus vizinhos estão certos de que a residência é assombrada. Desafiando o perigo, Leandro invade o lugar. Protegido pelo entardecer, ele penetra na casa e cai nas garras do desconhecido. O primeiro a recebê-lo é um vulto sombrio...

Mais um sucesso da Petit Editora!

Av. Porto Ferreira, 1031 – Parque Iracema
CEP 15809-020 – Catanduva-SP
17 3531.4444 | boanova@boanova.net
www.petit.com.br | petit@petit.com.br